Éric Verhaeghe

Jusqu'ici tout va bien !

« Énarque, membre du Medef,
président de l'Apec,
je jette l'éponge ! »

Éditions Jacob-Duvernet

Sommaire

Introduction
Un air de liberté

Comme beaucoup d'énarques, je ne suis ni de droite ni de gauche, mais avant tout du côté de l'intérêt général. Il me semble qu'aujourd'hui celui-ci court un si grand danger que prendre la parole pour le défendre est devenu un devoir.

J'appartiens à trois cercles relativement fermés et rares dans la corporation des hauts fonctionnaires.

D'abord, je suis fils d'ouvrier. Le cercle des enfants d'ouvrier à l'ENA est très clairsemé. Mon père était maçon. J'ai grandi au pied d'une mine de charbon, en Belgique. Je dois mes études à l'Éducation nationale et aux bourses qu'elle offrait aux plus pauvres. Elles m'ont permis de fréquenter les écoles de mon choix, dès lors que j'ai pu prouver mes capacités à y entrer. La France que j'aime permettait ce genre d'itinéraire. À ceux qui travaillaient et qui le voulaient, elle offrait une probabilité satisfaisante de réussir.

J'ai eu de la chance : j'ai fait partie des dernières fournées où l'ascenseur social était possible. Je me revois, au printemps 1986, apporter mon dossier de candidature à l'hypokhâgne du lycée Henri IV. Je venais de nulle part, mais je fus accepté dans ce saint des saints républicain. Un quart de siècle plus tard, la probabilité que je sois admis – pire : la probabilité que je m'autorise l'audace d'y être candidat –

serait beaucoup plus faible. Depuis vingt-cinq ans, la démocratisation de l'enseignement a faibli et, à mesure que le nombre de bacheliers a augmenté, l'égalité des chances a reculé.

Que s'est-il passé pour que nous régressions collectivement ? Personne ne le sait exactement, mais nous sentons tous, de façon diffuse, que la société s'est raidie sur ses fondements. Les enfants des milieux défavorisés apprennent de moins en moins bien à lire et à écrire. Ils suivent de moins en moins facilement les programmes scolaires. Leur niveau, lorsqu'ils passent le baccalauréat, est de moins en moins concurrentiel. En un mot, une inégalité scolaire grandissante les éloigne des meilleurs cursus. Ceux qui, malgré tout, franchissent ces caps sont ensuite sévèrement écrémés aux concours des grandes écoles, socialement plus sélectifs qu'avant, particulièrement dans les écoles de commerce qui ont introduit une nouvelle hiérarchie dans les savoirs, celle de l'argent. Comme je le dis plus loin, la ségrégation sociale est à l'œuvre, vivace, florissante.

Et puis, il y a ce grand malheur qui s'est abattu sur notre pays depuis vingt-cinq ans : l'argent facile. Dans mon enfance, travailler garantissait une vie correcte et une réussite relative. Le travail fondait la société. Et, peu à peu, cette idée-là a vécu.

D'un côté, les médias n'ont cessé de nous répéter, et ne cessent encore de le faire, que le travail en France coûtait et coûte toujours trop cher. On paye trop les salariés. Les charges sociales sont trop élevées. Baisser le coût du travail est devenu une obsession. De droite comme de gauche. J'en veux pour preuve la formidable modération salariale que la loi sur les trente-cinq heures, préparée par Martine Aubry, a permis : en échange d'une diminution du temps de travail, il a fallu accepter une longue stagnation des salaires. Que les salariés aient dû produire en trente-cinq heures ce qu'ils produisaient en trente-neuf importait peu. L'essentiel était de limiter au maximum les coûts. Comme cela ne suffisait pas, les allégements de charges ont reporté sur le contribuable un poids annuel de 30 milliards d'euros porté jusque-là par les employeurs. Ce transfert explique une très large partie de la dette publique contractée depuis 15 ans. Quand on sait que l'essentiel des impôts est acquitté par les salariés, en réalité cette opération a consisté à reporter sur ceux qui travaillent ce qui incombait auparavant à ceux qui les emploient. Tout cela concourt à une dévaluation constante du travail dans l'esprit collectif, à une sorte de réflexe pavlovien où le travail est assimilé à une charge inutile ou, au mieux, excessive.

D'un autre côté, l'argent s'est mis à pleuvoir sur une élite financière et industrielle. Les grands patrons se sont lancés dans une compétition sans frein à la rémunération. Que des dirigeants gagnent très bien leur vie n'est pas choquant en soi. Mais que leur rémunération soit totalement disproportionnée par rapport à leur action effective dans l'entreprise pose une véritable question. Surtout lorsque cette action est négative. Le système des parachutes dorés, par exemple, qui permet à un patron de partir avec plusieurs millions d'euros d'indemnités lorsqu'il est révoqué par son conseil d'administration, est très choquant. Il consiste en effet à récompenser grassement un dirigeant qui a échoué, au mépris des grands principes de responsabilité individuelle affichés par l'économie de marché.

Plus subtil, mais plus destructeur est le système des stock-options, qui consiste à attribuer des actions de l'entreprise à ses dirigeants, souvent sous certaines conditions de durée ou d'ancienneté. À la base, l'idée peut paraître intelligente : elle pousse les équipes de direction à faire monter le cours de l'action pour dégager des sommes qui peuvent s'élever à plusieurs millions d'euros, voire au-delà. Si l'on part de l'hypothèse traditionnelle selon laquelle les cours de la Bourse reflètent la situation financière de l'entreprise, la méthode est saine.

Le problème est que la Bourse est devenue irrationnelle. Elle s'est transformée en une vaste table de poker, où les cours peuvent fluctuer selon des règles imprévisibles. Les stock-options se sont donc transformées en une tyrannie destructrice pour les entreprises elles-mêmes. Pour faire monter les cours, les dirigeants doivent dégager des marges de rentabilité de plus en plus importantes. La dictature des actionnaires dans les entreprises oblige souvent à verser en dividendes l'argent nécessaire à des investissements indispensables. Ces exigences folles sont une menace pour la survie des emplois et des entreprises elles-mêmes, saignées à blanc par leurs propriétaires.

Toutes ces évolutions ont profondément changé le visage de la France de mon enfance. Celle que je vois aujourd'hui me plaît beaucoup moins, et même me met au bord de la nausée. Elle ne porte plus les valeurs qui ont fait sa grandeur : l'engagement au service d'un idéal collectif, la beauté d'un travail qui a du sens, une forme de discrétion et même d'humilité pour faciliter la vie ensemble. Elle est plus âpre, plus avaricieuse. Elle exalte l'agressivité et l'ostentation. Ce qui sert à tous est stigmatisé : la Sécurité sociale, l'école, les dépenses publiques, l'impôt. Ce qui sert à l'élite et au paraître est vanté : les montres en or, les vacances de luxe, l'héritage, la rente, le tape-à-l'œil des grosses voitures, les petits arrangements entre amis ou entre membres d'une même famille pour réussir sans effort. Et surtout, il y a ce sentiment étrange d'être dissident dès lors que l'on n'approuve pas personnellement ces évolutions.

Comme beaucoup de Français, et beaucoup d'énarques, j'ai longtemps cru qu'elles étaient inévitables. Comme le fruit naturel de l'histoire. Le mur de Berlin est tombé, le capitalisme a triomphé. La mondialisation se fait. Une concurrence internationale fait rage. Tout cela ne nous donne pas le choix. Et après tout, nous avons vécu comme des coqs en pâte pendant les Trente Glorieuses. Il est bien normal que tout cela se paie. Cela ne pouvait durer éternellement. Comme tout le monde, j'ai cru à ces litanies.

C'est là qu'intervient le second cercle fermé d'énarques auquel j'appartiens : celui des transfuges vers le secteur privé, les pantoufleurs comme on dit. En octobre 2007, je rejoins une fédération patronale, et j'entame un parcours dans l'univers des entreprises françaises, qui me conduit, en 2009, à la présidence de l'Association paritaire pour l'emploi des cadres (APEC), et à de nombreux et prestigieux conseils d'administration : Unedic, Pôle-Emploi, CNAV, AGIRC-ARRCO, etc.

Je suis arrivé dans ce monde avec l'ingénuité du fonctionnaire qui souscrivait sans réserve aux discours de la pensée unique sur l'inefficacité de l'État. Je m'imaginais l'entreprise comme un espace de rationalité où tous, comme un seul homme, cherchaient à améliorer les processus de production pour garantir une meilleure efficacité et une productivité optimale. J'avais intériorisé l'idée selon laquelle l'entreprise réussissait tout ce que l'État était incapable de faire.

Il ne m'a pas fallu longtemps pour comprendre combien tout cela était une vue de l'esprit. En réalité, les femmes et les hommes dans les entreprises ont la même nature et la même façon de penser que dans l'administration. Dans le privé comme dans le public, il existe dans des proportions identiques des gens de bonne volonté et des mauvais coucheurs, des gens motivés et des flemmards, des compétents et des incompétents, des caractériels et des gentils, des gens sincères et des imposteurs. À taille égale, les problématiques sont les mêmes. Une grande entreprise a les mêmes difficultés de circulation d'information et de délégation de responsabilité qu'une grande administration. Une petite entreprise a les mêmes difficultés de mobilité de ses personnels qu'une petite administration. Ce fut une leçon de choses intéressante, un premier indice sur la fausseté de mes certitudes acquises à force d'ingurgiter les clichés distillés jour après jour par les médias.

Il me semble qu'assez rapidement j'ai commencé une sorte d'éveil.

En septembre 2008, la crise boursière a bouleversé la vie des entreprises. Quelques affaires de parachutes dorés ont, dans la foulée, secoué l'opinion. Le gouvernement a enjoint au MEDEF de prendre des mesures rapides pour mettre bon ordre à ces provocations sans quoi il légiférerait sur les rémunérations des dirigeants. Laurence Parisot décide de réformer en urgence le code de déontologie MEDEF-AFEP pour clarifier le sujet, notamment en interdisant le cumul d'un mandat social et d'un contrat de travail pour les dirigeants des entreprises cotées sur les marchés. On découvre alors que les dirigeants des grandes entreprises ont trouvé le bon filon. Leur mandat social de dirigeant leur permet de percevoir des rémunérations annuelles de plusieurs millions d'euros. Mais comme ce mandat est révocable du jour au lendemain, ils le cumulent avec un contrat de travail qui leur donne de véritables garanties en cas de rupture inattendue.

Dans mon esprit, c'était une affaire secondaire. D'abord, je n'avais pas bien compris de quoi il s'agissait. Ces choses techniques ne m'intéressent pas et me semblent ennuyeuses. Ensuite, j'ai eu la faiblesse de penser que des gens rémunérés plusieurs millions d'euros par an et occupés à diriger leur entreprise n'ont guère de temps à consacrer à ces choses. Et, à ce moment, ma torpeur s'est dissipée. À chaque visite au MEDEF, je n'entendais plus parler que de cette affaire dans les couloirs. Les grands patrons étaient furieux contre Laurence Parisot, parce qu'elle leur demandait de renoncer à leur contrat de travail. Et ces gens, qui depuis dix ans répétaient *urbi et orbi* que le droit du travail en France était trop rigide, que le contrat de travail était trop protecteur pour leurs salariés, ces gens, qui avaient mandaté Laurence Parisot pour négocier plus de flexibilité pour le contrat de travail de leurs salariés, devenaient de féroces avocats de leur propre contrat et des droits qu'il leur offrait. Un vent de fronde soufflait. Alors que les entreprises allaient mal, que des charrettes de licenciements étaient annoncées, une seule chose occupait les esprits : la situation juridique des dirigeants.

Tout cela avait un goût de 10 mai 1940. De ces moments où les généraux demandent à la troupe de se sacrifier pour protéger leur fuite, alors même qu'ils sont les seuls responsables de la défaite. Car, soyons bien clairs, la seule cause de la crise de 2008 tient à l'irresponsabilité des élites financières. Si les administrateurs des banques avaient joué leur rôle, notamment en empêchant des stratégies de crédit risqué, si le gouvernement américain, en 1998, sous l'influence des financiers, n'avait pas autorisé la fusion des activités bancaires et d'assurances, alors même que cette fusion était impossible depuis la crise de 1929, si les financiers américains n'avaient pas prêté à tour de bras des sommes colossales à des pauvres gens dont ils savaient qu'ils pourraient difficilement rembourser leurs dettes, si les banquiers européens n'avaient pas été complices de ces pratiques – tout cela visant à tirer des profits usuraires sur la misère humaine –, nous n'aurions pas subi la crise des subprimes et l'effondrement de l'économie mondiale comme un château de cartes. Et l'argent des contribuables n'aurait pas été sollicité pour rembourser ces erreurs monumentales.

Durant l'hiver 2008, je n'en étais encore qu'au stade de l'éveil. Grâce à mon appartenance à un troisième cercle d'énarques, j'ai transformé cet éveil en cheminement intérieur. Je présente en effet la particularité plutôt rare, parmi mes camarades, d'être un Français de l'étranger. Je suis né à Liège, la ville francophone la plus septentrionale d'Europe, et c'est là que j'ai grandi, face au monde germanique. À Liège, de la France, on sait tout et on ne sait rien. On fête le 14 Juillet, plutôt que la Fête nationale belge. On se rend à Paris plus volontiers qu'à Bruxelles. On apprend aux enfants qu'en 1789, le peuple liégeois s'est soulevé contre l'oppression autrichienne lorsque la nouvelle de la prise de la Bastille est arrivée. On rappelle que Liège était la préfecture du département de l'Ourthe, lorsque les troupes de la Révolution ont libéré la ville. La France, c'était cela pour moi : le peuple qui s'affranchit de la tyrannie. La liberté qu'on proclame. Un appel d'air victorieux vers la démocratie.

Lorsque je suis arrivé à Paris, il y a plus de vingt ans, j'ai surtout découvert qu'il existait une aristocratie républicaine, celle des beaux quartiers, des héritiers, des grandes écoles, des cercles fermés où l'on admet que des pairs. Durant l'année 2008, j'ai mesuré le poids effectif, réel, de cette aristocratie dans les décisions, et sa capacité à reporter sur le peuple le prix de ses erreurs. J'ai alors décidé de mesurer l'écart qui sépare la république telle que ses fondateurs l'avaient conçue il y a un peu plus de deux cents ans – la seule que je connaissais, celle qui me fut enseignée dans la monarchie où j'ai grandi – et la république aristocratique que nous connaissons aujourd'hui. J'ai pris du temps et de la distance pour réfléchir. Le travail intérieur que j'ai mené a consisté à revenir aux choses et aux mots, pour tenter de les comprendre. À retrouver le sens d'une tradition dévoyée.

L'essentiel de ce long soliloque s'est concentré sur l'évolution de la pensée politique et économique depuis la crise de 1974. Cette crise a marqué un véritable tournant dans notre conception du gouvernement dans les sociétés industrielles. Elle s'est traduite par une stigmatisation systématique du rôle de l'État, sous toutes ses variantes : État-Providence, *Welfare State*, etc. L'économie de marché s'est imposée comme l'alpha et l'oméga de l'ordre social. Il n'est plus possible aujourd'hui de formuler un projet politique qui entraverait le principe sacré de libre concurrence. On peut seulement parler de rationalité économique, de croissance, de mondialisation, de concurrence pure et parfaite, d'orthodoxie monétaire, de maîtrise des finances publiques. Comme beaucoup de Français, j'ai fait confiance au système. Je me suis laissé bercer par ces mots. Mais le moment m'a semblé venu d'ouvrir les yeux et de regarder de plus près à toutes ces certitudes.

Assez vite, j'en suis venu à me poser des questions simples : nous vivons prétendument dans la rationalité, mais la Bourse me parait une sorte de machine à sous totalement aléatoire à laquelle est suspendu l'ensemble de notre vie économique. Nous ne cessons d'élire des gouvernements hostiles au rôle de l'État, mais la dette publique est en expansion constante. Nous ne cessons de rechercher la croissance, mais elle ne vient jamais. Nous sommes pour le libre échange et l'économie de marché, mais la mondialisation profite essentiellement à la Chine, qui a une économie administrée.

Tous ces paradoxes, j'ai voulu en venir à bout. Je les

examine chapitre par chapitre. Pour ce faire, je me suis presque exclusivement référé à la littérature officielle, notamment celle de l'Insee, du FMI, de la Banque mondiale, de l'OCDE, et à différents rapports d'autorités administratives indépendantes. Il m'a paru important de ne partir que de données incontestables et qui ont pignon sur rue.

Ma conclusion générale est que, sous couvert de mener de grandes réformes économiques libérales, une aristocratie a dévoyé notre régime démocratique et l'a capté à son profit. Le discours favorable à l'économie de marché a surtout servi à nous subordonner à ces aristocrates, pour qui les citoyens ne sont que des contribuables, des assujettis à l'impôt, comme on dit en finances publiques, ce qui ressemble fort aux sujets de l'Ancien Régime. Cela ne signifie nullement que l'économie de marché est inexorablement vouée à se transformer en système aristocratique. Mieux réglementée, mieux organisée, elle garantirait une prospérité raisonnable à tous. En revanche, les évolutions connues et choisies dans le monde industriel durant les trois dernières décennies sont allées dans un autre sens. Elles ont assis le pouvoir d'une élite financière sur l'ensemble de nos systèmes démocratiques, de telle sorte que cette élite s'enrichit massivement en phase de croissance positive, et fait rembourser ses pertes aux citoyens assujettis en phase de récession.

Collectivement, tout le monde a bien le pressentiment de cette réalité, même si le battage médiatique et politique contribue à maintenir un voile opaque autour de ses aspects les plus choquants. De ce point de vue, les moyens de détourner l'attention des assujettis ne manquent pas. Entre l'incitation à la xénophobie que constitue régulièrement le discours sur l'insécurité, la stratégie de la division où l'on clive une France contre l'autre (celle qui se lève tôt contre celle qui se lève tard ; les fonctionnaires contre les salariés du secteur privé ; ceux qui partent tôt à la retraite contre les autres, etc.), les grandes manifestations sportives où des psychodrames fabriqués de toutes pièces occupent les esprits, il faut être héroïque pour retrouver son latin.

Malgré toutes ces diversions, je connais peu de Français qui se retrouvent dans le fonctionnement actuel de notre société. Chacun perçoit, même obscurément, que la République de notre enfance n'est plus faite pour tous, qu'elle obéit moins que jamais à des objectifs d'intérêt général. Son sens s'est perdu pour servir d'autres intérêts que ceux du peuple.

C'est précisément contre les risques d'une perception obscure de tout cela qu'il m'a paru indispensable d'écrire ce livre. De toutes parts, même dans des milieux aisés traditionnellement attachés à notre ordre social, j'entends se murmurer un fond de «Tous pourris ! » qui est extrêmement dangereux pour la démocratie. Il existe aujourd'hui une montée de l'antiparlementarisme et une désaffection pour la République telle qu'elle est devenue. Ces phénomènes sont inquiétants. Si nous, les démocrates, ne réagissons pas avec vigueur, nous ferons par notre passivité le lit d'idéologies et de réactions qui nous ont coûté cher par le passé. Sur ce point, je prends date. À ce stade, nous ne sommes pas encore entrés dans le vif de la crise économique survenue en 2008. Pour l'instant, son coût a été financé par la dette. Lorsque l'heure viendra de rembourser cette dette, notre société affrontera un moment de vérité, qui pourrait se révéler très périlleux pour tous. Nous en avons de premiers prémices : l'avenir de la Sécurité sociale, des dépenses de l'État, comme l'éducation ou la justice, le coût effectif de la décentralisation, seront au cœur de nos débats.

Personne ne sait quelle tournure notre histoire peut

prendre à ce moment-là. Pour ma part, je souhaite à toute force que triomphent les splendides valeurs qui ont fait la grandeur de la France : la liberté, l'égalité, la fraternité. Leur préservation suppose qu'aujourd'hui nous retrouvions le sens du geste républicain posé il y a un peu plus de deux cents ans par des gens nouveaux qui n'eurent d'autre choix que de secouer un joug irréformable. La France actuelle n'est guère plus malléable qu'à l'époque, et, par un étonnant parallélisme de l'histoire, elle se heurte à une semblable crise des finances publiques.

L'enjeu essentiel pour la conscience républicaine aujourd'hui consiste à retrouver le sens de notre République démocratique, à la remettre au service de tous. Nous ne pourrons nous dispenser d'un vaste mouvement de retour vers ce sens originel, sous peine de laisser libre cours à des forces obscures qui ont fait notre honte il y a quelques décennies. Les quelques pages qui suivent sont une contribution à ce renouement avec le sens de notre destin historique.

Comme toujours dans ces ouvrages, il faut rendre un difficile arbitrage entre l'analyse et l'action, entre l'exemple et la théorie. Je n'ai délibérément pas voulu mener l'un sans l'autre, mais je crois avoir toujours évité les polémiques et les discours de caniveau. Il m'a paru important, pour illustrer mes propos, de donner chaque fois des éléments circonstanciés pour expliquer comme j'en suis arrivé à remettre régulièrement en cause des convictions que j'avais acquises jusque-là. Je n'ai pas voulu donner à ceux-ci un tour accusatoire ou hostile. En revanche, il m'a semblé important de tendre la main à ceux qui, aujourd'hui, n'osent pas forcément avouer leur dissidence avec un système dominé par une chape de plomb idéologique : que ceux-là comprennent que leur parcours fut le mien. Jour après jour, nous engrangeons tous des constats, des réflexions, qui nous conduisent à penser que quelque chose ne tourne pas rond dans nos régimes. Avoir le courage de l'avouer, puis de le dire, ne coule pas de source. Cette étape nous condamne souvent à endosser le regard réprobateur de l'opinion.

Je le redis, ce courage-là est important, à mon sens, pour l'avenir de notre système républicain.

Chapitre I
Tchernobyl et les *subprimes* ou l'économie de marché comme ruse de la déraison

J'aimais bien assister à la commission économie du MEDEF. Elle se réunissait d'ordinaire dans la salle du Conseil, la grande salle du premier étage de l'avenue Bosquet, avec une table ronde où cinquante personnes peuvent loger et regarder ensemble des écrans disposés en cercle au centre la pièce. C'est un lieu propice à la réflexion et aux échanges. Les séances de la commission économie s'y prêtaient particulièrement. Assez peu fréquentées, mais de haute tenue, elles étaient rythmées par une présentation toujours très intéressante de la conjoncture par Coe Rexecode, l'institut d'études économiques proche des milieux patronaux. J'admirais la qualité statistique du travail présenté, et la subtilité des analyses qu'on y entendait.

Ce jour-là, quelque part au début du printemps 2008, la discussion a porté sur la crise des subprimes aux États-Unis, et sur la titrisation. Je n'avais jamais entendu parler de tout cela, mais une bonne moitié de l'assistance, qui était un peu clairsemée, devait vaguement comprendre de quoi il s'agissait. Des têtes opinaient ou prenaient un air sérieux et pénétré. La présentation de Coe Rexecode donnait la représentation d'une situation préoccupante pour les États-Unis, avec d'importantes ruptures dans les cycles économiques.

À ce moment, le chef économiste d'une grande banque française est intervenu assez longuement, de son accent chantant du sud, pour rassurer tout le monde. La crise des subprimes n'atteindrait pas l'Europe, et certainement pas la France, qui avait des fondamentaux solides, et autres assertions. Mon voisin de table, qui avait bourlingué pendant des décennies dans les milieux de la finance, me donna un coup de coude et me glissa : « Ces gens du sud, ils parlent toujours trop. » Ce baroudeur de la sphère financière ne partageait évidemment pas cette théorie du nuage de Tchernobyl qui allait contourner la France et ne polluer que les étrangers. Il avait visité des banquiers et des assureurs américains quelques années auparavant et, selon son propre aveu, il avait constaté le désastre : des dirigeants d'entreprise dont le seul tableau de bord est le cours de la Bourse, soumis en permanence à la dictature court-termiste de la spéculation. Il savait que cette obsession du cours boursier avait touché la France. Lui-même avait perdu son poste de directeur financier d'une multinationale dont le siège est à Paris, parce qu'il refusait de céder à cette méthode de travail où l'on passe plus de temps à se renseigner sur l'état des marchés que sur les dossiers et les affaires de l'entreprise.

Ce jour-là, il me semble bien avoir été pris d'un doute sur la confiance aveugle que nous accordons aux experts économistes, dont le fonds de commerce est de nous répéter à l'envi que le système est entre les mains d'agents rationnels qui nous conduisent tout droit vers la prospérité. En réalité, derrière ce discours de façade, les gens de l'intérieur, les gens du métier savaient que la déraison est au pouvoir et que, sous couvert du marché, nous avons collectivement glissé vers une dictature avide d'actionnaires dont le seul sujet de préoccupation est une rentabilité à court terme, indifférente au caractère durable ou non du profit qu'ils tirent des entreprises en leur possession.

Je me suis régulièrement rappelé cette scène quand la crise de septembre a éclaté. Je regardais les visages fermés, compassés, des financiers, pendant cette tourmente. Dans les dîners, ils priaient tous pour qu'une épidémie de grippe A virulente éclate et détourne l'attention de l'opinion. Pour sauver les marchés, il fallait procéder comme pour la sexualité chez saint François de Sales : ne pas y penser avant, ne plus y penser après. Détacher son regard de l'abîme qui s'ouvrait sous nos pieds.

Pendant ces semaines palpitantes, j'ai reçu quelques formidables leçons sur mes certitudes acquises jusque-là. Comme tout ancien élève d'une grande école, j'avais été formé à la foi aveugle dans la rationalité économique. Ce concept mystérieux fut inventé en 1955 par le savant français Maurice Allais, qui reçut le prix Nobel pour ses travaux économiques. Dans son article « Fondements d'une théorie positive des choix comportant un risque » publié dans les Annales des Mines, Allais avait posé un principe très simple, qui a révolutionné la science économique d'après-guerre : « un homme est réputé rationnel lorsque a) il poursuit des fins cohérentes avec elles-mêmes; b) il emploie des moyens appropriés aux fins poursuivies ». Cette affirmation évidente pourrait se reformuler de la façon lapidaire suivante : un homme est rationnel lorsque ses actes correspondent à ses intentions.

Lorsque Allais définit la rationalité économique, il ne se doutait pas qu'il était en train d'offrir à l'économie de marché ses fondements intellectuels les plus prospères. Il n'est d'ailleurs pas inutile de noter que c'est un Français, et non un Anglo-saxon, qui a jeté les bases métaphysiques de l'économie de marché. Nous aimons régulièrement nous dédouaner d'un libéralisme économique pur mais, en réalité, nous en sommes les principaux doctrinaires.

Les Français portent une responsabilité beaucoup plus large dans ces novations, puisqu'ils sont aussi les inventeurs de la théorie néo-classique, au fondement du discours contemporain sur l'économie de marché. Il s'agit d'une modélisation logique et mathématique du marché à partir de la représentation de l'homme comme agent rationnel. Le principal théoricien néo-classique s'appelle Léon Walras. Il a publié en 1874 des *Éléments d'économie pure*, où il développe la théorie selon laquelle le meilleur ordre social est celui où seules sont à l'œuvre l'offre et la demande, sans intervention de l'État. Fondé sur un principe théorique appelé l'utilité marginale, son modèle démontre mathématiquement qu'un équilibre économique général est possible à chaque instant par l'adaptation des désirs de chaque individu aux réalités du marché. Par exemple, la meilleure façon de résoudre le problème du chômage n'est pas d'indemniser les chômeurs, mais de laisser les chômeurs négocier le montant du salaire auquel ils prétendent avec l'employeur qui le leur propose. Si le chômeur est indemnisé, il va rationnellement négocier un salaire supérieur à son indemnité de chômage, que l'employeur n'a peut-être pas les moyens de lui verser. Dans ce cas, il restera chômeur. En revanche, s'il ne bénéficie d'aucune indemnité, il sera forcé d'aboutir dans sa transaction avec l'employeur pour retrouver des revenus. La meilleure façon de lutter contre le chômage, pour les néo-classiques, est donc de laisser se faire le libre jeu de l'offre et de la demande d'emploi, sans intervention extérieure. Ce raisonnement est transposable à l'ensemble des secteurs. Pour Walras, cette transposition d'ensemble permet de construire une société sans déséquilibre économique.

Ces théories, autant de la rationalité que de l'équilibre général, ont eu un retentissement mondial, et structurent l'essentiel du discours économique actuel, en particulier celui qui a favorisé le développement de l'économie de marché. Grâce à elles, les économistes donnent des allures de certitudes mathématiques à leurs affirmations. D'une certaine façon, la référence à la rationalité apporte une caution scientifique à l'économie, elle la met sur le même pied que la physique, la biologie ou la chimie. Ce basculement de l'économie de marché du côté de la raison scientifique est une grande prouesse, car, jusqu'ici, aucun adepte du marché n'aurait jamais osé s'inscrire dans une réflexion de ce type. Au contraire même, d'aussi loin que l'on peut en retrouver la racine, l'économie de marché préfère s'ancrer à un refus de la raison et à une affirmation exubérante de la passion.

Par exemple, parmi les textes fondateurs auxquels les défenseurs du marché aiment à se référer, *La Fable des abeilles*, écrite en 1714 par Bernard Mandeville, un pamphlétaire néerlandais, illustre bien la méfiance naturelle des libéraux pour la raison ou toute autre forme d'ordre social rationnel. Cette fable dresse une allégorie de la société humaine : « Ces insectes (...) vivaient parfaitement comme les hommes et exécutaient, quoiqu'en petit, toutes leurs actions.[1] » Le titre exact de la fable est « la ruche murmurante ou les fripons devenus honnêtes gens ». Il soutient que la prospérité d'une nation est liée à la liberté du commerce et de l'industrie. Mandeville ne fonde pas cette prospérité collective sur la rationalité économique des agents, mais sur ce qu'il appelle leurs vices : la cupidité, l'égoïsme, la vanité, etc. « Chaque

1. Le texte intégral, traduit par Jean Bertrand, est consultable sur http://expositions.bnf.fr/utopie/cabinets/extra/textes/constit/1/18/2.htm

ordre était ainsi rempli de vices, mais la Nation même jouissait d'une heureuse prospérité. » Pour Mandeville, la prospérité collective procédait du désordre des passions, et c'est sur ce désordre qu'une société devait s'appuyer pour s'enrichir.

Le rejet le plus fort de la raison comme principe organisateur de la société se trouve dans la référence préférée des économistes de marché : Adam Smith. Auteur, en 1776, de la *Recherche sur la nature et les causes de la richesse des nations*, cet auteur fétiche du néo-libéralisme explique que la prospérité d'un pays découle de l'égoïsme de ses producteurs : « [le propriétaire du capital] est conduit par une main invisible à remplir une fin qui n'entre nullement dans ses intentions ; et ce n'est pas toujours ce qu'il y a de plus mal pour la société, que cette fin n'entre pour rien dans ses intentions[2] ». Lorsque les économistes classiques d'aujourd'hui évoquent la main invisible d'Adam Smith, c'est donc à une pensée irrationnelle qu'ils font allusion, celle d'une organisation sociale où l'objectif des détenteurs du capital est de valoriser au mieux la richesse qu'ils ont accumulée, sans se soucier du bien-être collectif et sans aucune référence à une quelconque rationalité. Les formules d'Adam Smith sont d'ailleurs radicalement incompatibles avec la définition de la rationalité économique par Maurice Allais.

Jusqu'à la fin du XIXe siècle, l'attachement à l'économie de marché s'est donc constitué contre la pensée rationaliste. Si l'on en juge par les références constantes des libéraux à la « main invisible » d'Adam Smith, on peut même penser que le rejet de la raison demeure une composante importante de l'économie de marché. D'ailleurs, le renversement scientifique rationaliste opéré par Walras et la pensée néo-

2. Adam Smith, *La Richesse des Nations*, livre IV, chapitre 2, traduction de Germain Garnier, Garnier Flammarion, Paris, 1991, pp. 42-43.

classique est loin d'avoir produit des résultats immédiats sur l'inspiration libérale, et l'on peut dater de la crise des années 1970 la montée en puissance effective de cette doctrine dans l'idéologie du marché. Il faut attendre ces années-là pour que la recherche d'un équilibre général par la concurrence s'impose intellectuellement comme l'horizon souhaitable de nos sociétés.

À partir de ce moment, la rationalité économique va devenir un prétexte intellectuel pour réformer nos sociétés en profondeur, avec la conviction bien ancrée, pour ceux qui défendent cette réforme, qu'elle ouvre la voie à un ordre prospère et scientifiquement infaillible. Il s'agit d'une vision idéologique, car le paysage réel des sociétés industrielles est très éloigné de la concurrence pure et parfaite décrite par Walras comme source de l'équilibre optimal. De nombreuses entreprises sont publiques ou nationalisées. En France, l'automobile, le pétrole, la chimie, les banques, les sociétés d'assurance, le téléphone, l'électricité, le gaz, les chemins de fer, le transport aérien, sont des activités d'État, lequel subventionne par ailleurs régulièrement les entreprises en difficulté. Beaucoup de pays étrangers sont organisés de la même façon ou, au minimum, disposent d'un État interventionniste. Les monopoles sont fréquents et les biais à la concurrence, notamment internationale, sont encouragés tous azimuts.

Dans ce contexte étatisé, les conditions requises par Walras pour atteindre l'équilibre général sont très loin d'être remplies. Pour mémoire, celui-ci a défini de façon très précise les exigences fondamentales de la concurrence pure et parfaite. Il retient notamment trois critères qui vont se révéler décisifs dans la constitution des politiques économiques dans les pays industrialisés à partir des années 1970.

Premièrement, Walras préconise l'atomisation complète des marchés, c'est-à-dire la suppression de tous les monopoles ou de tous les cartels, et leur remplacement par un nombre suffisant de concurrents. Deuxièmement, il revendique l'ouverture complète des marchés, c'est-à-dire la suppression de toutes les barrières à l'entrée, comme les barrières douanières. Troisièmement, il prône la parfaite mobilité des facteurs de production, c'est-à-dire la libre circulation des biens et des personnes entre pays producteurs. Moyennant, le respect de ces critères, la théorie walrassienne assure qu'une société connaît le plein-emploi et la croissance, puisqu'elle permet aux agents économiques rationnels d'opérer librement leurs arbitrages qui tous tendent à l'équilibre.

On mesure l'impact de cette théorie sur les sociétés industrielles des années soixante-dix, en proie à une profonde crise économique. La recette walrassienne s'impose alors comme une panacée pour rétablir la croissance. Elle nous décrit un monde idéal, où une masse de producteurs négocie ses prix avec la foule des consommateurs, comme dans les bons marchés d'antan. Elle nous dit d'avoir confiance dans une mise en concurrence généralisée entre tous. Elle lie la prospérité générale au recul de l'État. Forts de cette espérance et de cette certitude, les décideurs occidentaux vont se convertir globalement à cette vision et entamer des réformes structurelles tant au plan national qu'international qui convergent toutes vers les mêmes objectifs walrassiens.

En Europe, la construction communautaire, telle que l'Acte unique de 1986 la dessine, repose sur cette vision, c'est-à-dire l'édification systématique d'une concurrence à la recherche de la perfection. Ce parti pris idéologique a conduit à des réformes fondamentales. Par exemple, la Commission européenne a imposé aux États membres de libéraliser les marchés de l'électricité. Ceux qui, comme la France, disposaient d'un opérateur public en situation de monopole ont dû briser le monopole, puis privatiser leur opérateur public. Le même mécanisme avait bouleversé le marché des télécommunications. Le même mécanisme s'applique ou s'appliquera au courrier postal et au transport ferroviaire. Afin d'atteindre la concurrence pure et parfaite, les grands services publics ont progressivement basculé dans la concurrence.

Encore ces exemples sont-ils empruntés aux grands marchés, que la Commission européenne a voulu introduire dans un univers walrassien. Mais des exemples plus microscopiques pourraient être pris sur des sujets quotidiens. La commission européenne a ainsi ordonné une harmonisation des plaques minéralogiques sur les automobiles en Europe. Quel impératif économique justifiait cette mesure ? Aucun, sinon l'idéologie très politique que l'espace européen doit être harmonisé à tous points de vue, selon des principes de marché et de concurrence parfaite entre les pays.

À l'échelle planétaire, l'Organisation mondiale du commerce a pris en charge ce rôle d'introduction massive de la vision walrassienne, en luttant contre les barrières douanières et en interdisant les subventions des États aux entreprises. Il est d'ailleurs intéressant de lire les publications de l'OMC pour mesurer la dimension idéologique de cette organisation internationale. La référence constante du directeur général de l'Organisation, le Français Pascal Lamy, aux Objectifs du Millénaire, rappelle que l'idéologie du libre-échange est celle d'un développement mondial par la concurrence pure et parfaite. C'est ainsi que des cycles réguliers de négociations entre États cherchent à réduire les distorsions internationales à la concurrence pour bâtir progressivement un marché mondial d'acteurs privés, débarrassés de ces encombrants États-nations et de leurs règles absurdes qui nous éloignent du stade walrassien de développement.

Cette conviction a conduit les occidentaux à accepter l'entrée de la Chine dans l'OMC. La demande d'adhésion chinoise date de 1988, époque dite de l'ouverture sélective où les Chinois protégeaient complètement leur marché intérieur. Après treize ans de négociation, l'OMC a finalement accepté, en 2001, d'accueillir la Chine, sur des bases relativement contraignantes, tant les risques de la concurrence chinoise étaient forts pour nos industries. Dix ans après l'adhésion formelle de la Chine, l'examen de la politique commerciale chinoise par l'OMC, mené en 2010, montre que ce pays est encore très loin d'avoir ouvert son marché, alors qu'il inonde de ses produits à bas prix les marchés étrangers. En réalité, l'intégration de la Chine dans l'OMC a provoqué une véritable saignée dans les économies occidentales. Ce résultat était assez prévisible, mais la foi aveugle dans le libre-échange a convaincu les opinions publiques et les décideurs d'accepter ce marché de dupes. « L'adhésion de la Chine à l'OMC (...) aura un impact positif pour le développement du commerce mondial, pour les mécanismes de régulation, pour l'OMC elle-même et aussi pour l'ouverture de la Chine dans tous les domaines », lit-on par exemple sur le site de l'ambassade de France à Pékin[3].

En vérité, il faut y voir l'un des effets de l'idéologie selon laquelle la concurrence pure et parfaite comme projet politique garantit une paix universelle et une prospérité commune. Pascal Lamy déclarait ainsi, à Genève, en 2010 : « Les possi-

3. www.ambafrance-cn.org/bilan-des-relations-franco-chinoises.html

bilités d'accès aux marchés que le commerce international peut offrir, lorsqu'il s'accompagne de politiques nationales favorables, peuvent faire en sorte que le commerce international contribue à la création d'emplois, favorise la croissance, conduise à un relèvement des niveaux de vie et aide les pays à atteindre leurs objectifs sociaux et de développement[4]. »

C'est ainsi que l'ensemble du monde, ou presque, s'est intégré dans un jeu global où les règles visent essentiellement à réduire la place de l'État dans l'organisation économique au profit d'une concurrence entre acteurs privés. Dans ce projet, nous nous sommes tous bercés de l'illusion qu'un équilibre allait naître d'une sorte de négociation permanente entre offreurs et vendeurs sur les prix des transactions : vente des produits, de la force de travail, fixation des taux d'intérêt, etc. Nous sommes tous partis de l'idée que ce projet allait établir une égalité de fait entre ce que la théorie économique walrassienne appelle les agents économiques. Et naïvement, nous avons accepté la suppression de grands monopoles publics contrôlés par l'État, donc à la main des parlements nationaux, et leur remplacement par des mises en concurrence où le client serait roi.

L'ouverture du marché des télécommunications constitue sans doute la caricature de cet élan naïf. L'arrivée, en France, de nouveaux opérateurs comme SFR ou Bouygues, la privatisation de France Télécom, ont matérialisé la réalisation de la doctrine walrassienne dans notre vie quotidienne. L'intention initiale emportait l'adhésion des clients : plutôt que d'attendre six mois avant d'obtenir sa ligne fixe (comme c'était le cas dans les années 1970) à tarif imposé, l'ouverture à la concurrence leur permettrait de jouer un opérateur contre

4. Consultable sur www.wto.org/french/news_f/sppl_f/sppl_f.htm, qui regorge de nombreux discours de Pascal Lamy.

l'autre, pour obtenir les meilleurs tarifs et les meilleurs services. Et chacun s'imaginait alors tout à coup doté d'un pouvoir extravagant face à son opérateur, comme s'il allait devenir son égal, comme si enfin la vertu allait s'imposer. C'était le règne de la rationalité économique.

Ce que nous n'avions pas vu alors, c'est que les principales forces qui agissent sur l'ordre social dans lequel nous vivons ne peuvent accepter que l'économie obéisse à la rationalité. Peut-on raisonnablement imaginer un opérateur de téléphone ou une chaîne de grands magasins accepter de négocier ses tarifs avec chacun de ses clients ? Le marchandage est le propre des petits boutiquiers, certainement pas celui des industriels de la vente. Ceux-ci ne peuvent se satisfaire de la rationalité économique qui permet aux clients de rogner leurs profits.

Dans cette perspective, l'entorse à la rationalité est devenu un impératif catégorique pour les producteurs de biens et de services. Afin de subordonner la raison des clients, ils ont alors développé une véritable industrie de la consommation, dans laquelle le consommateur est enrégimenté. Les principaux outils de cette industrie de la subordination sont bien connus : la publicité, la mode, le phénomène collectif.

L'industrie publicitaire, par exemple, dégage un chiffre d'affaires annuel d'environ 500 milliards de dollars, soit près de 1% du produit intérieur brut mondial. L'objet de cette industrie est de biaiser le libre exercice de la rationalité économique en incitant l'agent à acheter de façon incohérente. L'enjeu consiste à stimuler en lui un désir de consommation contraire à son optimum, c'est-à-dire à la maximisation de son profit. A-t-il besoin, pour se rendre chaque matin à son travail, d'une automobile peu coûteuse en carburant et d'un confort sommaire ? La publicité le bombarde de messages sur des automobiles plus chères, plus luxueuses, plus puissantes, en jouant sur ce que Mandeville appelait ses vices : le snobisme, l'envie de paraître, le sexisme (beaucoup d'automobiles sont associées à la virilité), etc.

En 2004, le président-directeur général de la chaîne de télévision TF1, Patrick Le Lay, avait déclaré : « pour qu'un message publicitaire soit perçu, il faut que le cerveau du téléspectateur soit disponible. Nos émissions ont pour vocation de le rendre disponible (...)[5] ». Si nous admettons cette idée selon laquelle une grande partie de l'industrie des médias est le support de transmission de la publicité, ce ne sont plus 500 milliards de dollars qui sont dépensés chaque année pour inciter les consommateurs à acheter en dépit de la raison, mais bien 2 500 milliards, soit près de 5% du PIB mondial. L'industrie des médias représente à elle seule 2 000 milliards de dollars d'activité, selon les chiffres du cabinet Price[6]. Pour mémoire, la dépense moyenne d'éducation dans les pays de l'OCDE est de 5,5% du PIB. Autrement dit, l'effort de formatage de nos esprits à l'idéologie de la consommation industrielle coûte à peu près aussi cher que l'effort d'éducation des citoyens.

Les économistes purs répliqueront que la publicité n'est pas incompatible avec la rationalité économique. Cette rationalité n'a jamais prétendu éliminer le désir de consommation. Elle permet simplement de savoir qu'entre deux biens qu'un consommateur désire, il choisira celui qui le satisfait le mieux. Sa volonté de se sentir plus viril au volant d'une voiture plus puissante que celle de son voisin fait partie de l'optimum qui

5. Dépêche AFP du 9 juillet 2004.
6. www.pwc.fr, selon un communiqué de presse du 16 septembre 2008 publié sur le site.

guide son choix – il veut se rendre chaque matin au travail dans une automobile virilisante, et, pour cette raison, il achète tel véhicule plutôt que tel autre.

Avant d'examiner cette réponse classique, il faut quand même remarquer que, dans le modèle walrassien de concurrence pure et parfaite, la transparence de l'information sur les produits est une condition obligatoire. Sur ce point, la publicité introduit un biais puissant, puisque son objet même est de désinformer sur le produit qu'elle vante, en l'associant à des perceptions ou des sentiments étrangers à son contenu.

Supposons néanmoins que la publicité soit compatible avec la rationalité économique des agents. Les producteurs de biens et services se sont dotés d'une mécanique plus puissante encore pour guider les choix individuels. Il s'agit de la mode, au sens large, c'est-à-dire de l'appétence collective et organisée pour des produits homogènes. Le domaine de prédilection de la mode a longtemps été l'habillement. Il s'est étendu à l'ensemble des secteurs économiques : certains lieux de vacances sont à la mode, certaines voitures, certains restaurants, certains produits alimentaires, etc.

Or, qu'appelle-t-on une mode ? sinon une façon de se conformer volontairement au goût des autres. Être à la mode constitue l'une des formes majeures de la socialisation dans les pays industrialisés. Ne sont reconnus comme partie intégrante du groupe que ceux qui la suivent. Sa généralisation à la vie quotidienne est devenue une façon de modifier les comportements de consommation afin de les massifier et de détourner ainsi les individus de leur liberté de choix. Pour appartenir au groupe, il faut abdiquer son individualité et accepter de se plier à des choix collectifs.

Pour n'en rester qu'à la mode vestimentaire, le phénomène

fut longtemps semestriel. Les grands couturiers lui donnaient le ton par leurs défilés d'hiver et d'été. Les soldes ponctuaient la campagne de vente. Ce modèle commercial présentait l'inconvénient d'une relative lenteur dans le renouvellement des stocks. C'est au groupe espagnol Inditex, avec notamment l'enseigne Zara, qu'est revenu le mérite d'avoir industrialisé la mode vestimentaire et d'avoir mensualisé son rythme. Inditex ne fait pas de création, mais copie les modèles de haute couture. Ces copies font l'objet d'une reproduction en nombre relativement limité (15 000 exemplaires le plus souvent), en prêt-à-porter. Les modèles sont renouvelés chaque mois.

Cette mensualisation de la mode témoigne de la nécessité économique où se trouvent les producteurs de stimuler sans cesse le désir de consommation auprès d'un public de plus en plus large. Le développement du chiffre d'affaires dans un univers mondialisé devient l'apanage des industriels qui parviennent à maîtriser les appétits de consommation, qui les orientent collectivement, pour s'assurer un renouvellement régulier des achats. Dans le cas de Zara, l'astuce consiste à ne jamais réapprovisionner les rayons : les clients qui n'ont pas acheté le modèle pendant le mois où il était vendu ne peuvent jamais le retrouver par la suite. Cette technique de rotation rapide des stocks pousse à l'achat immédiat et favorise un engouement collectif.

La société Apple a adapté cette technique au secteur de l'informatique. La commercialisation de l'Iphone, puis de l'Ipad, s'est déroulée sur le même schéma que la mode vestimentaire. Premièrement, les clients potentiels sont plongés dans l'attente, avant la commercialisation, par un phénomène de rumeur sur les qualités du produit. Deuxièmement, le produit est mis en vente en nombre limité, inférieur à la demande, à une date qui est régulièrement repoussée, afin de maintenir une tension sur l'apparition du produit. Troisièmement, le produit commercialisé est rapidement renouvelé par son successeur, de meilleure qualité. Cette façon de susciter un engouement commercial, en utilisant intelligemment les attentes d'un public apprivoisé et complice, permet à la société Apple d'engranger des résultats extraordinaires. Par exemple, la quatrième version de l'Iphone était précommandée à 600 000 unités aux États-Unis avant même sa mise sur le marché. En France, la précommande a dû être suspendue au bout de vingt-quatre heures, tant la demande était forte. Ces techniques de vente, fondées sur une manipulation du désir individuel, ont permis à Apple, en 2009, de dégager plus de 8 milliards de dollars de bénéfices.

Au-delà de cette mécanique de désir collectif, la production industrielle s'est dotée d'une technique de vente encore plus efficace : le phénomène de société. Ces grands moments à impact parfois planétaire donnent à quelques grands industriels l'occasion d'augmenter leurs ventes en imprégnant des millions d'esprits de leurs slogans.

Le sport constitue aujourd'hui un vecteur privilégié pour mobiliser l'audience mondiale. Les coupes du monde de football, les jeux olympiques, les tournois de tennis, sont autant de supports de communication pour diffuser des publicités explicites ou implicites. Pour cette raison, les calendriers sportifs sont préparés avec beaucoup de minutie, afin que les grands événements ne se télescopent pas et ne se livrent pas à une concurrence destructrice en termes d'audience télévisuelle. À titre d'illustration, TF1 a acquis les droits de retransmission du Mondial 2010 pour 120 millions d'euros. Pour la Fédération internationale de football (FIFA), ce Mondial aurait permis la signature de contrats commerciaux à hauteur de 3,3 milliards de dollars, dont un tiers sont du bénéfice net[7] . Ces quelques chiffres soulignent l'importance économique de ces grandes communions sportives de dimension internationale. Ces compétitions sont organisées avec des partenaires commerciaux officiels qui, en contrepartie des sommes qu'ils apportent à l'organisation de l'événement, imposent des règles de commercialisation stricte : interdiction de vendre des produits concurrents à moins d'un kilomètre des stades, et à moins de deux sur les principaux axes menant aux stades, par exemple.

En eux-mêmes, ces éléments ne choqueraient pas s'ils n'étaient pas imposés à l'opinion sous les apparences d'une manifestation mettant en jeu l'intérêt général. Dans le cas du Mondial 2010, la confusion des genres fut totale de bout en bout. L'équipe de France est devenue une sorte de véhicule de la conscience nationale battu par les flots du mercantilisme planétaire. Pas moins de trois représentants éminents du pouvoir exécutif ont jugé utile de mêler au destin sportif de l'équipe de France des considérations de politique générale, laissant penser à l'opinion que cet événement commercial était d'une portée capitale pour le pays. Ainsi, la secrétaire d'État aux Sports, Rama Yade, a égratigné l'équipe nationale sur son train de vie ; la ministre de la Santé a fait la leçon aux joueurs de l'équipe pour leur indiscipline ; puis, le président de la République en personne a reçu l'un des joueurs pour entendre ses explications sur la défaite de l'équipe. Par trois fois, le pouvoir en place a donc donné une dimension politique à une manifestation sportive aux retombées commerciales évidentes.

---

7. www.ft.com, article du 3 mai 2010, *Fifa expects to make $ 1bn from World Cup*, Roger Blitz.

Le match final de la Coupe du Monde 2010 a bénéficié d'une audience exceptionnelle : 700 millions de spectateurs l'ont suivi à la télévision, soit plus d'un terrien sur dix. Peut-on, dans ce cas de figure, ignorer le puissant effet de socialisation de l'événement ? Il a généré des millions de soirées entre amis, des milliards de conversations, d'innombrables fêtes, débats, paris, disputes, que tout citoyen honnête a peu ou prou nourris. Compte tenu de sa portée commerciale, il est évident qu'il influence fortement la rationalité des choix, même inconsciemment. Les spectateurs qui, pendant plusieurs matchs, ont vu les messages publicitaires inscrits sur le pourtour des terrains, sont, dans tous les cas, des cibles commerciales. C'est-à-dire que les firmes qui ont acheté les espaces publicitaires ont délibérément cherché à influencer durablement les habitudes et les choix de consommation des téléspectateurs. Elles ont même fait le pari que cette méthode-là se révélerait extrêmement efficace pour leur chiffre d'affaires.

L'exemple caricatural de la Coupe du Monde de football et de sa dimension commerciale est utile parce qu'il montre quels moyens sont déployés pour modifier la donne de la rationalité et quelle emprise les offensives commerciales peuvent avoir sur les consommateurs. En réalité, la liberté de choix des acteurs est un leurre, un droit purement formel. Les enjeux industriels d'aujourd'hui sont tels que plus aucun fabricant de produit de masse ne peut s'offrir le luxe de laisser les consommateurs choisir librement. Le marketing, la stratégie commerciale, l'emprise sur les pratiques des consommateurs, sont des pivots de la production mondiale.

En ce sens, le modèle walrassien de concurrence pure et parfaite n'est pas faux. Mais il est combattu pied à pied, jour après jour, par les producteurs de biens et de services. Dans ce combat quotidien, ceux-ci utilisent la technique du conformisme. Sous couvert d'individualisme, en réalité, nous sommes engoncés dans une formidable entreprise de collectivisation du goût et du désir. À longueur de journées, nous sommes matraqués par des slogans qui nous stimulent pour acheter le même produit, pour formuler le même besoin. Certes, formellement, nous sommes libres. Mais cette liberté est encadrée par une censure sournoise : la sanction collective qui place dans la dissidence les esprits imperméables à la pression du groupe.

Tant que cette collectivisation du désir de consommation se limite à la sphère de l'économie réelle, elle ne porte au fond que sur un marché d'environ 56 000 milliards de dollars annuels, soit le Produit intérieur brut mondial. Le véritable sujet d'angoisse du monde contemporain est que cette collectivisation s'est étendue aux marchés financiers où les sommes en jeu sont dix ou douze fois supérieures à ces montants. Pour mémoire, les capitalisations boursières, c'est-à-dire la valeur totale du marché des actions, avait atteint en 2008 plus de 60 000 milliards de dollars. Les échanges annuels d'actions ont atteint en 2008 près de 120 000 milliards de dollars. En un an, l'équivalent de la richesse mondiale produite avait donc changé deux fois de mains sur les marchés boursiers[8]. Dans le même temps, le marché des produits dérivés totalisait un encours de 100 000 milliards de dollars (2007) sur les marchés organisés, et de 516 000 milliards de dollars (juin 2007) sur le gré à gré[9]. La richesse notionnelle accumulée sur les seuls marchés dérivés correspondait donc, avant la crise financière, à plus de dix ans de produit inté-

8. Chiffres du World Federation of Exchanges, cités par www.lesechos.fr
9. Autorité des marchés financiers, *Rapport annuel 2007*, p. 46.

rieur brut mondial. Ces chiffres n'intègrent pas le marché du crédit, où la titrisation a atteint de son côté plusieurs dizaines de milliards de dollars d'encours.

Pour le commun des mortels, ces chiffres font référence à des concepts extrêmement abstraits, à la limite de l'irréel. Le marché des produits dérivés notamment appartient à une sphère étrange de la planète financière, dont les règles sont inconnues du public, alors qu'elles sont à l'origine de la crise bien réelle de 2008.

Cette méconnaissance s'explique en partie par la jeunesse de ces marchés. Certes, la mécanique du marché à terme, qui est au cœur de la logique des produits dérivés, date du dix-neuvième siècle. C'est à Chicago que ces instruments financiers furent inventés, pour protéger les acteurs du marché agricole contre les fluctuations de cours liées aux mauvaises récoltes. Le principe était relativement simple : quelques semaines avant la récolte, agriculteurs et négociants se mettaient d'accord sur un prix de vente pour une quantité donnée de blé. Lorsque la récolte était faite, le négociant avait le choix entre payer son dû et devenir propriétaire de la quantité de blé qu'il avait achetée ou bien payer et revendre cette quantité de blé au cours du jour. Si les cours avaient monté, il faisait une plus-value, puisque le prix auquel il avait acheté son blé quelques semaines auparavant était inférieur à celui auquel il le revendait la moisson faite. Si les cours avaient baissé, le négociant perdait de l'argent. La vertu de cette mécanique était de protéger les céréaliers contre les aléas des récoltes et de protéger les consommateurs finaux contre de trop grandes variations de prix sur les marchés.

Il a fallu attendre les années 1980 pour que ce système de couverture contre les risques de fluctuation s'étende aux différents compartiments des marchés financiers. Le passage au système de changes flottants, en 1973, a beaucoup favorisé cette extension. Les entreprises internationales ont en effet dû se prémunir contre les risques de change pour sécuriser leurs transactions. Grâce à ce système, le prix d'une transaction réglée trois mois après livraison n'est pas affecté par une variation du taux de change d'une monnaie. Par exemple, si l'euro vaut 1,5 dollar au moment d'une vente libellée en dollars, le vendeur européen a tout intérêt à préserver ce prix. Si son contrat porte sur 10 millions de dollars, il doit empocher 15 millions d'euros. Si l'euro ne vaut plus, trois mois plus tard, au moment du paiement par le client, que 1,2 dollar, il ne gagnera que 12 millions d'euros. Son intérêt est donc de signer un contrat qui prévoit un paiement à trois mois au taux de change du jour de la vente.

Évidemment, dans cet exemple simple, le vendeur a un choix simple à opérer : il connaît les taux de change le jour de la transaction, et il se doute que ces taux lui seront moins favorables trois mois plus tard. Mais la réalité est plus complexe, et l'inverse peut se produire : il peut pressentir que, au moment du paiement, l'euro sera réévalué par rapport au dollar. Dans ce cas, s'il parvient à vendre non plus au taux du jour de la transaction, mais au taux du jour du paiement, il peut empocher une jolie plus-value de plusieurs millions d'euros. Dans un monde où les taux bougent beaucoup, ces petites astuces peuvent apporter ou coûter beaucoup d'argent à une entreprise. L'enjeu des marchés à terme est précisément de spéculer sur ces fluctuations de cours qui ont un impact sur l'activité des entreprises. L'opération consiste alors à négocier avec la banque, qui joue l'intermédiaire dans la vente, un contrat spécifique qui prévoit l'impact des changements de cours (il peut s'agir de taux de change ou d'intérêt, d'indices boursiers ou encore de divers cours) sur le montant final des opérations. La somme de tous ces contrats constitue le marché à terme, aussi appelé marché des produits dérivés.

Pour comprendre la mécanique de ces marchés, il faut avoir à l'esprit deux informations complémentaires.

Premièrement, il existe une différence majeure entre les opérations menées sur des marchés organisés et les opérations dites de gré à gré. Les opérations sur les marchés organisés sont standardisées et couvertes par une chambre de compensation, qui joue le rôle de banquier organisateur du marché. Autrement dit, elles portent sur des produits que le grand public peut parfois acheter aussi facilement que des actions, avec des règles relevant en quelque sorte du prêt-à-porter. Il peut par exemple s'agir de contrats « pariant » que le CAC 40 aura gagné 200 points dans les trois mois, que l'euro vaudra à une date précise 1,25 dollar. Si l'acheteur remporte son « pari », la chambre de compensation lui règle son dû. Les opérations de gré à gré, en revanche, se font sans chambre de compensation, et sur des produits déterminés par les parties prenantes à l'opération, dans l'opacité de leurs relations bilatérales. Elles sont administrativement beaucoup plus simples à mener. En revanche, comme elles sont le fruit d'une relation entre un vendeur et un acheteur, le grand public ne sait rien des termes de la transaction. Cette souplesse et cette opacité expliquent qu'elles portent sur des montants cinq fois supérieurs aux opérations de marché.

Deuxièmement, le marché à terme s'appelle également marché des produits dérivés, parce que la valeur des actifs qui s'y échangent dérive de la valeur d'autres actifs, dits sous-jacents. Les marchés dérivés servent le plus souvent à échanger des options sur ces sous-jacents, et non les sous-jacents eux-mêmes. Autrement dit, l'acheteur prend une option sur l'achat, mais ne s'engage pas à acheter. Par exemple, l'acheteur s'engage à acheter la cargaison d'un super-pétrolier si et seulement si le baril vaut à la date de livraison 80 dollars. Le jour de la livraison, l'acheteur n'achète évidemment pas la cargaison du bateau : il a, par une autre opération financière à terme, trouvé un acheteur à un cours donné – par exemple un négociant qui cherche une cargaison à 85 dollars. La différence entre le cours d'achat et le cours de vente fait la moins-value ou la plus-value du spéculateur. On dit couramment qu'il n'exerce pas son option. Néanmoins, la valeur de la transaction initiale se calcule sur le volume global de la cargaison sous-jacente. Pour cette raison, les encours des marchés dérivés ne se calculent pas en sommes réelles, mais en sommes notionnelles, c'est-à-dire sur la valeur des sous-jacents. Cette spécificité explique la valeur colossale des échanges. Un spéculateur peut engager sur les marchés dérivés des sommes beaucoup plus importantes que l'argent disponible sur son compte.

Le contenu des options s'est beaucoup sophistiqué ces dernières années, notamment avec le développement de la titrisation. Ce mécanisme un peu mystérieux sera détaillé dans un chapitre ultérieur. Retenons à ce stade que la titrisation consiste à regrouper des créances dans une sorte de titre boursier qui s'échange sur les marchés comme une action ou une obligation classique. Mais comme les créances titrisées sont risquées, car « contaminées » par des engagements toxiques (comme l'étaient les subprimes), les opérateurs de marché se couvrent contre les risques par des options sur actifs titrisés, comme les *collateralized bond obligations* (CBO), les *collateralized loan obligations* (CLO), et les *colla-*

teralized debt obligations (CDO). Ces produits totalement opaques ont pour fonction d'anticiper les évolutions de cours et de fonctionner comme des assurances sur les risques auxquels ces fluctuations de cours exposent.

Quels sont les principes et les lois statistiques qui régissent ces anticipations ? La question n'est pas neuve, puisque les anticipations des spéculateurs avaient déjà aggravé la crise de 1929. De nombreux économistes se sont penchés sur le sujet, comme J.M. Keynes, et ont, depuis les années 1930, multiplié les théories des anticipations : régressives pour Keynes, adaptatives pour Cagan (1956), extrapolatives pour d'autres. Comme aucune de ces théories ne parvenait à rendre compte de cet étrange phénomène où les prix sont fixés par anticipation de l'avenir, un groupe de théoriciens, dont Lucas et Sargent, a fondé au début des années 1970 la Nouvelle macro-économie classique, bâtie sur le principe des anticipations rationnelles. Dans un monde qui abandonnait les parités fixes et entrait dans le tourbillon des crises à répétition, ces économistes bâtissaient un discours sur-mesure pour justifier la désintégration des États et la toute-puissance des agents économiques sur les marchés financiers.

Selon la théorie de l'anticipation rationnelle, chaque agent est suffisamment rationnel pour traiter l'ensemble des informations dont il dispose et pour anticiper efficacement l'évolution économique et financière. Comme dans le modèle walrassien, nous retrouvons une sorte de grand optimisme humaniste dans cette théorie : chaque humain est doté d'une raison suffisante pour faire les bons choix, en l'espèce connaître l'avenir à partir des éléments dont il dispose. Autrement dit, à l'usage, la somme des anticipations réalisées par les agents économiques finit par être juste et conforme à la réalité de l'économie. Par exemple, les cours de l'euro pour les trois mois à venir sont une donnée anticipable rationnellement par la communauté des économistes experts des fluctuations monétaires, sur la base de l'information foisonnante dont ils disposent sur l'ensemble des économies mondiales. Cette même anticipation est supposée réalisable sur la totalité des données, comme le cours de n'importe quelle action ou de n'importe quelle matière première. Au nom de ce principe, les marchés ont confié à leurs opérateurs, ce qu'on appelle sommairement les traders, la responsabilité de fixer librement les cours et de parier sur leur évolution, avec une conviction bien ancrée : leurs paris sont statistiquement gagnants.

Cette théorie de la rationalité collective par la somme des rationalités individuelles est évidemment très séduisante et très rassurante. Elle nous donne l'illusion que tout va pour le mieux dans le meilleur des mondes. En laissant faire les spécialistes, les traders, les analystes de marché, rien ne peut nous arriver, sauf le meilleur. Le problème est que cette théorie se heurte aux faits, et spécialement aux biais qui entachent la diffusion de l'information.

Pour ce qui concerne les marchés financiers, l'accès des acteurs à l'information est essentiellement structuré autour des agences de notation. Celles-ci sont en quelque sorte les phares de l'océan boursier, puisqu'elles sont chargées d'évaluer les risques d'insolvabilité des emprunteurs. Pour ce faire, elles doivent connaître la situation financière de ces emprunteurs, qu'il s'agisse d'entreprises ou de pouvoirs publics, avant de leur attribuer une note. Cette attribution est déterminante pour les conditions d'emprunt : un client bien noté emprunte à un taux beaucoup plus intéressant qu'un client mal noté. Le « rating » des agences de notation joue donc un rôle fondamental sur les anticipations, puisqu'il distingue ceux qui iront bien à l'avenir, et ceux qui souffriront, voire seront au bord du gouffre. En ce sens, l'impact de la notation est immense. Lorsque la notation d'un État ou d'une entreprise baisse, c'est la réputation et la crédibilité de l'État ou de l'entreprise qui y est entachée.

Sans revenir sur le rôle des agences dans la crise financière, il est intéressant de noter les indications du rapport annuel 2009 de l'Autorité des Marchés Financiers sur les agences de notation : « il existe des marges significatives d'amélioration concernant l'accès à l'information des acteurs de marché, y compris les agences, ainsi que la qualité des informations diffusées sur le marché de produits de financement structuré[10] » . Concrètement, pour tout ce qui touche aux marchés à terme, qui mettent en jeu les sommes les plus colossales, les agences de notation ne sont pas forcément mieux informées que les autres acteurs, et une véritable opacité règne sur les échanges. Les conditions des anticipations rationnelles ne sont donc pas réunies.

Ce rapport de l'AMF ne manque pour le reste pas de piquant, puisqu'il s'étend assez largement sur l'organisation des agences. Il rappelle que trois agences sont présentes en France : Moody's, Standards and Poor's et Fitch. Le rapport épingle avec perfidie que Standards and Poor's appartient au groupe américain McGraw-Hill, dont la note a été dégradée par Moody's et par Fitch en 2009 [11]. Il précise aussi que Fitch appartient à 60% à une holding financière appelée Fimalac, société créée de toutes pièces par un homme d'affaires français : Marc Ladreit de Lacharrière. Le personnage est intéressant. Héritier d'une vieille famille ardéchoise, il

10. AMF, *Rapport 2009 sur les agences de notation*, p. 10.
11. Idem.

s'oriente dans le secteur privé après sa sortie de l'École nationale d'administration. En 1984, il devient vice-président et directeur général du groupe l'Oréal. Il crée Fimalac en 1991, lorsqu'il quitte ses fonctions au sein de l'Oréal. Il en reste toutefois administrateur, comme il est administrateur du groupe Casino et de Renault. Ce parcours illustre l'étroite imbrication, à la frontière du conflit d'intérêts, entre les agences de notation et les groupes industriels ou financiers qu'elles doivent noter. Fitch, propriété personnelle d'un dirigeant de l'Oréal, ne peut évidemment noter en toute indépendance cette entreprise, qui figure parmi les dix principales capitalisations boursières françaises.

En réalité, l'exemple de Fitch illustre la subordination de l'information financière à des intérêts particuliers, au même titre que l'information en matière de consommation. La théorie de la rationalité, qui garantit l'équilibre général du système économique par la concurrence pure et parfaite, ne peut tenir face à l'appropriation des règles du jeu par ceux qui en tirent profit. Même le président de la Banque centrale européenne en dresse le constat : « Les agences de notation en général ont tendance à amplifier les mouvements à la hausse ou à la baisse des marchés financiers. On le voit encore aujourd'hui de manière très visible. Ceci va à l'encontre de la stabilité financière. Il est probablement opportun de ne pas continuer d'avoir un oligopole mondial de trois agences[12]. »

Les remarques de Jean-Claude Trichet font allusion à la déstabilisation dont certains États-membres de la zone euro font l'objet de la part des marchés financiers, avec l'appui des agences de notation. Celles-ci, en dégradant la note

12. Interview de Jean-Claude Trichet au quotidien *Libération*, 13 juillet 2010.

d'une dette souveraine, ont la faculté d'entraîner derrière elle de puissants mouvements spéculatifs à la baisse sur les marchés. Ces derniers n'obéissent plus aux principes de l'anticipation rationnelle, mais au mimétisme rationnel. L'anticipation n'est plus le produit d'une analyse objective de la situation affectant tel ou tel acteur, elle devient le produit de ce qu'on appelle le consensus des analystes, c'est-à-dire la moyenne de l'opinion. Les traders, selon un comportement moutonnier, agissent d'après l'opinion des autres, dans le souci de se conformer aux autres. Kant appelait ce phénomène l'hétéronomie de la pensée.

Avec un peu de recul, il ne faut donc pas être grand clerc pour comprendre que chaque année les marchés mettent en jeu des sommes plusieurs fois supérieures à la réalité de l'économie, selon des principes extrêmement conformistes de mimétisme et d'obéissance à des consignes plus ou moins suggérées par des agences parties prenantes aux affaires qu'elles notent. L'attitude moutonnière des opérateurs de marché, par son caractère collectif, peut produire des mouvements de foule totalement irrationnels qui amplifient le souffle des retournements conjoncturels. Ce fut par exemple le cas le 6 mai 2010, où Wall Street a connu une baisse des cours allant jusqu'à 9% pendant un quart d'heure, soit une baisse historique. « Tout se résume à la peur de la contagion de la situation grecque, avant le vote de demain en Allemagne pour ratifier l'aide internationale accordée par l'Union européenne et le Fonds monétaire international », a indiqué Peter Cardillo, d'Avalon Partners[13].

Si ce genre de péripéties était exceptionnel, au fond, les inconvénients du système financier actuel paraîtraient tolé-

13. Cité par l'AFP, 6 mai 2010.

rables. Le problème est que ce dysfonctionnement est structurel et permanent, puisqu'il résulte des choix d'organisation des marchés. Ainsi, trimestriellement[14], à l'insu de l'opinion publique, les marchés connaissent la séance dite des « quatre sorcières », dont le sobriquet suffit à souligner l'irrationalité dans laquelle nous vivons. Ces jours-là, les options et les contrats à terme sur les actions et les indices boursiers arrivent à échéance. Les opérateurs de marché détenteurs de ces contrats ou de ces options cherchent alors à influencer, voire à manipuler les cours, pour les rendre conformes à leurs anticipations. Cette mécanique peut produire des effets très positifs : « Paris : la magie des 4 sorcières opère, 8 hausses d'affilée ! » titre un organe économique[15] le 18 juin 2010. Mais, en juin 2008, c'est-à-dire quelques semaines avant le krach, le phénomène inverse s'était produit : « Cette journée des "4 sorcières" donne lieu à une démonstration de force des "vendeurs" qui laminent les cours pratiquement sans aucune opposition[16]. » Le CAC 40 avait alors perdu 10% en un mois.

Le phénomène des « 4 sorcières » caricature efficacement la mise sous tension constante des marchés financiers autour des prévisions et des anticipations de cours. Compte tenu des sommes en jeu, le destin de la planète est remis entre les mains des agences de notation et d'opérateurs qui se comportent plus comme des joueurs de poker que comme des acteurs responsables d'un système collectif. À partir d'une information biaisée, diffusée par des organes dont la subordination aux intérêts privés est patente, des décisions se

14. Les troisièmes vendredi de mars, juin, septembre et décembre, aussi appelés en anglais les « quadruple witching days ».
15. Dépêche du Cerclefinance sur www.votreargent.fr
16. www.cerclefinance.com, 20 juin 2008.

prennent, destinées à dégager des profits sans commune mesure avec les sous-jacents sur lesquels ils portent.

Ce système est structurellement producteur de déséquilibres, parce qu'il repose sur l'irrationnel et sur une cupidité indifférente à sa responsabilité globale.

Une lueur d'espoir est apparue avec la réforme des marchés financiers lancée par le président Obama. Celle-ci prévoit notamment une plus grande transparence sur les produits dérivés de gré à gré, qui seront tous couverts par une chambre de compensation. Toutefois, cette réforme appelée loi Dodd-Frank ne portera ses fruits que dans plusieurs années, le temps notamment que les quelque 300 textes réglementaires d'application voient le jour. En attendant, les sociétés industrialisées continueront donc à vivre au rythme des anticipations irrationnelles des acteurs.

Autrement dit, qu'il s'agisse du simple rapport de consommation ou des anticipations des opérateurs financiers, la représentation d'un marché composé d'un côté de petits acheteurs éparpillés et de l'autre de petits vendeurs sans lien entre eux, est une image d'Épinal qui ne correspond nullement à la réalité du capitalisme contemporain. Depuis une trentaine d'années, les offreurs, que nous pourrions schématiquement et avec des réserves regrouper dans la catégorie des détenteurs du capital, se sont en effet organisés et ligués afin de préserver leurs intérêts dans les transactions qu'ils nouent au jour le jour avec les consommateurs ou les petits épargnants. L'industrie publicitaire en est un exemple. Elle illustre le poids que pèse le vendeur, l'offreur de produits, dans l'acte de vente, la conviction dont il peut faire preuve pour convaincre le quidam d'acheter son produit. L'influence des agences de notation en constitue une autre illustration : contrairement à la représentation d'un capitalisme fait de petits porteurs – le fameux capitalisme populaire – qui passent dans l'intimité des ordres en Bourse grâce auxquels ils deviennent des propriétaires en bonne et due forme du capital, l'agence de notation manifeste le pouvoir d'influence des grandes entreprises auprès de l'opinion. Leurs liens d'intérêt avec les agences de notation sont nombreux, et la cotation des entreprises obéit à des règles totalement occultes, qui sont autant de biais à la rationalité. Quand on sait que l'essentiel des marchés financiers repose aujourd'hui sur une anticipation des cours à trois mois, la mesure est vite faite de la distance qui sépare le modèle walrassien d'un marché atomisé et la réalité capitalistique contemporaine. Les entreprises se sont en effet dotées des outils idoines pour orienter les choix et les investissements, au besoin en inspirant des anticipations de cours largement décalées par rapport aux fondamentaux économiques.

De ce fait, lorsque nous nous rapportons à la rationalité des agents économiques ou des marchés, nous regardons un miroir aux alouettes qui constitue un parfait sophisme. Pour être rationnels, les marchés devraient être totalement atomisés, et permettre à chaque consommateur de se forger une opinion libre sur chaque producteur de bien de consommation. En lieu et place de cette liberté de jugement, il existe un système organisé d'influence où les opinions de chacun sont conditionnées, voire déterminées par une pensée officielle qui utilise de nombreuses ruses pour s'imposer avec toute la douceur et la persuasion naturelle qui sied aux systèmes démocratiques. De cette façon, chacun se convainc qu'il dispose encore de son libre arbitre alors qu'il est largement le jouet d'un système économique où ses décisions de consommation ou d'investissement sont dictées par des considérations autres que la raison.

Cette vessie de la détermination de la pensée que nous prenons pour la lanterne du libre arbitre pose de véritables questions aux républicains.

Le principe de la République consiste à permettre à chaque société de s'organiser autour d'un principe libérateur : la raison. Nous retrouvons là l'héritage des Lumières, qui avaient érigé la rationalité en fondement de toute humanité et de toute activité humaine. On voit bien que la rationalité économique a capté cette tradition à son profit, en même temps qu'elle l'a pervertie. Car, sous couvert de produire un ordre social rationnel, l'économie de marché le soumet en réalité à la pire des déraisons, et s'emploie à supprimer tout contrepoids, tout garde-fou qui pourrait permettre de limiter les travers et les dérives de cette déraison. Ainsi, en favorisant l'émergence de marchés financiers obèses, face auxquels les États ne peuvent lutter, l'idéologie libérale a semé les germes d'une instabilité permanente qui rend les sociétés ingouvernables.

Dans le même temps, l'émergence du marché a privé les peuples de leur liberté à définir leur propre destin. Ils sont contraints d'accepter un système politique où l'essentiel du pouvoir financier et économique, celui qui organise la vie de tous les jours, est concentré entre des particuliers dont la doctrine veut que les puissances publiques ne puissent ni les enfreindre ni les contrôler. Contrairement à l'idéologie véhiculée dans l'opinion, ces particuliers ne sont pas mus par une raison soucieuse d'intérêt général. Ils sont, à la manière de *la Fable* de Mandeville, des fripons devenus honnêtes gens. Par leur pouvoir et leur force d'action économique, ils entraînent l'ensemble de la société sur une pente dangereuse: celle du profit sans limite, de l'avarice, de la concurrence effrénée.

En soi, cette évolution peut être acceptable à condition qu'elle se donne pour ce qu'elle est : un triomphe de la déraison, de l'imprévisible, de la passion, du caprice. Rien n'est plus malsain que de continuer à faire vivre la fiction de la rationalité, dans un monde où celle-ci n'a aucun poids.

Chapitre II
Quand la croissance va, tout va

Le soleil réchauffait agréablement la terrasse du café. Il me semble que c'était une fin de matinée printanière – une des premières dans l'année. Les pierres de l'École Militaire paraissaient bien mielleuses dans cette lumière. Je me suis assis volontiers à la table de mon interlocuteur, un ancien industriel lyonnais, qui se partage entre la France, la Chine et le monde. J'appréciais ses yeux rieurs et une honnêteté de l'intelligence, une droiture, qui lui donnait un jugement juste sur les choses. Comme nous avions quelques minutes à tuer avant d'entrer dans une réunion au siège du MEDEF, notre conversation a roulé sur des choses et d'autres.

– Et comment vont les affaires ? je lui fais.

– Ah ! tu sais, chez moi ça va, mais tout le monde souffre un peu. Avec la concurrence chinoise, ceux qui n'ont pas de forte valeur ajoutée ne peuvent pas s'en sortir. Et puis il nous faudrait de la croissance. Au temps de la croissance, on ne se posait pas de question. Moi par exemple, j'équipais les logements neufs. Quand on en construisait en série, je savais que je pouvais faire tourner les chaînes à l'usine sans me poser de question. Pour 300 ouvriers, un ou deux commerciaux suffisaient. Il ne fallait pas se battre pour avoir des marchés. Maintenant c'est l'inverse. 50 ouvriers suffisent, mais il faut une vingtaine de commerciaux pour vendre.

Ce jour-là, j'ai compris que l'idéologie de la croissance, qui nous entoure et nous conditionne, n'a rien à voir avec une logique économique. Elle exprime une nostalgie très affective pour une époque révolue, où les affaires fonctionnaient comme des rentes, sans qu'une concurrence sans limite ne vienne rogner les marges bénéficiaires et n'oblige les patrons à arracher pied à pied leurs parts de marché. Ce qui, pour moi, était une réalité statistique un peu abstraite, prenait tout à coup l'épaisseur d'une tranche de vie. En fait, le patronat français ne se repose pas sur une expertise scientifique ou théorique pour aborder les problèmes économiques. Il est tout entier guidé par des certitudes acquises sur le tas : refaisons partir les affaires, ce qu'on appelle la croissance, et pour cela diminuons les charges et les contraintes, et tout le reste suivra.

Les adhérents du MEDEF qui n'ont pas compris cette relation purement personnelle et affective qui lie le patronat à la science économique ont fait des expériences cuisantes. Par exemple, la fédération du travail temporaire, dans les coulisses de la campagne électorale menée par Laurence Parisot en 2010, a beaucoup insisté pour la création d'une commission de l'emploi. Le travail temporaire a énormément souffert de la crise de 2008, et dans l'esprit de ses dirigeants patronaux, le positionnement du MEDEF n'était pas, sur ces sujets, à la hauteur des problèmes réels. Certes, il existe bien une commission des relations du travail, mais son positionnement est essentiellement tourné vers une négociation du droit du travail. Les enjeux économiques de la création d'emploi sont pour le reste très peu traités avenue Bosquet, voire complètement ignorés, sauf sous la litanie de l'allégement de charges. Je me souviens du sourire goguenard qui fleurissait sur le visage des permanents, dans les couloirs du MEDEF, lorsque Laurence Parisot leur donna l'injonction d'organiser cette commission afin d'honorer une promesse électorale qu'elle avait faite. Il était clair pour tout le monde que cette appropriation de problématiques économiques n'avait aucun sens pour la machine patronale traditionnelle. Le MEDEF ne conçoit l'emploi que comme un univers de contraintes trop fortes qu'il faut alléger pour relancer l'activité. En dehors de ces dogmes, point de salut. Il aura fallu à peine six mois au MEDEF pour enterrer cette commission emploi.

Derrière cette façade anecdotique se joue une conception entière du monde, celle qui place la croissance en tête de tous les objectifs politiques et économiques. Car cette croyance naïve selon laquelle quand la croissance va, tout va, a débordé du monde patronal pour irriguer toute la société. Souvenons-nous : jusqu'à la crise du pétrole, en 1974, la croissance moyenne de la France variait autour de 5%. Depuis 1974, la variation se situe plutôt autour de 2%. Fameuse chute, qui a bouleversé la vie des industriels, leur conception même du métier et de l'organisation, en même temps qu'elle les a obligés à lutter pied à pied pour préserver leur taux de profit. Le tour de force est d'avoir convaincu l'ensemble de la société que le combat pour la croissance était d'intérêt général, et même le seul qui vaille la peine d'être mené aujourd'hui.

En ce sens, il y a bien une ambiguïté essentielle, et même une tromperie, sur le sens de la croissance.

Pour le commun des mortels, la croissance, c'est la prospérité générale, un mouvement auquel chacun participe, même imparfaitement. Je me souvenais de mes vieux cours de philosophie, et des leçons sur John Rawls, le philosophe américain qui avait écrit une *Théorie de la justice de 1971*, revue en 2000 sous le titre *La justice comme équité*[17]. Rawls a formalisé la conception occidentale de la croissance : un phénomène inégalitaire, avec des riches et des pauvres, mais qui est plus profitable aux pauvres qu'une économie socialiste. En effet, dans le système soviétique, l'égalité – cette idée-là était très forte dans les années 1970 – est néfaste, car elle ne permet qu'une faible croissance du niveau de vie de la population. Les différences salariales et sociales sont faibles entre citoyens, mais le niveau de vie et de satisfaction de la population dans son entier est très bas. En régime capitaliste, les inégalités sont fortes, mais elles sont positives pour les plus défavorisés, car la prospérité générale, la croissance, leur garantit un minimum vital supérieur au minimum en vigueur dans un système socialiste. Sur cette conviction-là, nos sociétés occidentales ont accepté et acceptent des différences fortes de situation entre les uns et les autres.

Pour les industriels, en revanche, la croissance a un autre sens. Il s'agit plutôt d'une référence à une époque bénie où le commerce fleurissait sereinement. Les taux de profit étaient élevés, et gagner sa vie, selon une expression souvent utilisée dans les milieux patronaux, n'était pas compliqué.

En ce sens, le retour à la croissance n'a pas le même sens dans tous les esprits. La grande force de ce mot est de parvenir à fédérer toutes les aspirations politiques sans jamais lever son ambiguïté. Ainsi, de droite comme de

17. John Rawls, *La justice comme équité, une reformulation de théorie de la justice*, La Découverte, poche n°281, traduit par Bertrand Guillarme, Paris, 2008.

gauche, l'enjeu évident de tout programme politique et économique est de favoriser la croissance. À une époque encore récente pourtant, la gauche se distinguait de la droite par des références constantes au progrès, notamment au progrès social. Les années passant, cette référence a disparu. Le seul enjeu qui subsiste est celui de la croissance économique.

En interrogeant, un soir, au cours d'un dîner en ville, un haut fonctionnaire auteur d'un ouvrage économique, je me suis aperçu qu'en réalité, la croissance constituait pour lui, comme pour nous tous ou presque, un impensé radical. À la question : qu'est-ce que la croissance ? j'ai mesuré que, selon lui, il s'agissait de tout ce qui est bien pour le système économique et l'ordre social, mais qu'il était incapable d'en donner une définition exacte. En vérité, ce fameux indicateur économique de la croissance du PIB est un mystère pour beaucoup, et une imposture pour quelques économiques.

Il faut reconnaître à Nicolas Sarkozy le mérite d'avoir mis sur la place publique les ambiguïtés de la croissance. Le rapport Stiglitz, qu'il a commandé en 2008, sur la « mesure de la performance économique et du progrès social », a, en termes mesurés, posé les questions essentielles sur le sens de cet indicateur. Avec une intéressante rigueur analytique, ce rapport, publié en 2009 sous le titre *Richesse des nations et bien-être des individus*[18], pointe toutes les insuffisances de la croissance du PIB comme indicateur sur l'état de santé de notre société. Ces inconvénients étaient d'ailleurs bien connus, puisque la croissance n'est qu'une convention comptable pour faire la somme de la

18. Stiglitz, Sen et Fitoussi, *Richesse des nations et bien-être des individus*, Odile Jacob, Paris, 2009

production marchande d'une année dans un pays. Pour être exact, la croissance est la somme des salaires, des impôts sur la production et l'importation, et des excédents bruts d'exploitation. Elle mesure l'évolution des revenus de la production, salariés et employeurs compris. Elle ne nous dit rien de plus, notamment sur les revenus individuels. Elle mesure l'enrichissement général du pays sans nous renseigner sur le contenu de cet enrichissement, ni sur la répartition de la richesse. En particulier, le PIB ne nous dit rien sur le « bien-être » de la société, alors que, dans l'esprit public, il existe souvent une confusion entre les deux notions.

L'inconvénient d'assimiler croissance et bien-être est illustré par ce que les économistes appellent les externalités négatives, que la croissance comptabilise comme positives. Par exemple, lorsqu'un navire de transport pétrolier s'échoue au large, le nettoyage des plages polluées constitue une dépense positive pour la croissance, alors qu'elle entache le bien-être collectif. De même, un propriétaire qui déciderait de détruire puis de reconstruire sa maison chaque année produirait beaucoup plus de croissance que le châtelain local occupant le manoir familial construit il y a plusieurs siècles. La croissance du produit intérieur brut, le fameux PIB, se contente de comptabiliser des dépenses sans s'interroger sur leur nature ni sur leur pertinence économique. Et nombreux, très nombreux, sont les cas de figure où la croissance du PIB se nourrit de dépenses contraires au bien-être d'un peuple.

En outre, le rapport Stiglitz rappelle que la croissance du PIB ignore les biens fournis gratuitement par les services publics. Par exemple, lorsqu'un enseignant transmet un savoir à un élève d'une école publique, ce bien n'est pas intégré à la croissance, parce qu'il n'est pas marchand. En revanche, il serait dispensé par une école privée payante, il serait alors intégré au calcul. En ce sens, le PIB surestime systématiquement la croissance des pays où l'État est réduit à la portion congrue et où le marché est omniprésent. Il occulte une part importante de la croissance des pays, comme la France, où l'État continue à jouer un rôle collectif important.

Ce que ne dit pas clairement le rapport Stiglitz, c'est l'impact politique de la croissance du PIB comme indicateur de la prospérité collective. En réalité, le PIB nous donne une indication sur l'augmentation de la masse générale des revenus. Quand nous nous glorifions d'avoir atteint 3% de croissance en année faste, nous indiquons que les revenus globaux du pays ont augmenté de ce pourcentage cette année-là. De façon simpliste, chaque Français en retire l'idée qu'il a personnellement augmenté ses revenus de 3%. En réalité, l'indicateur de croissance du PIB ne nous donne aucune information sur la répartition de ces sommes entre chaque individu, en particulier sur sa ventilation par classes de revenus.

Ce qu'il faut donc, c'est comprendre comment, durant ces dernières années où les politiques de croissance se sont multipliées à grand renfort d'interventions publiques, les revenus de la croissance ont été répartis entre citoyens.

La conférence de presse que le directeur général de l'Institut national de la statistique et des études économiques (INSEE), Jean-Philippe Cotis, a donnée le 17 novembre 2009 pour tirer les conséquences du rapport Stiglitz, nous donne une interprétation particulièrement intéressante de cette répartition. Je reprends volontiers le texte de son intervention, car le personnage ne peut pas être soupçonné de gauchisme échevelé, dans la mesure où il a fait essentiellement carrière sous des gouvernements de droite : ancien du FMI (1986-1988), il entre en cabinet ministériel au moment de la seconde cohabitation (1993), puis devient directeur général de l'INSEE peu de temps après l'élection de Nicolas Sarkozy.

Dans son intervention devant les journalistes, Jean-Philippe Cotis lance un certain nombre de chiffres particulièrement éloquents : « Le taux d'épargne des 20% les plus pauvres est négatif. (...) Il y a, en revanche, une rupture très nette au niveau du 5e quintile où le taux d'épargne est trois à quatre fois plus élevé que pour le 4e quintile[19]. » Concrètement, les 20% les plus pauvres, sans une redistribution de revenus par l'État, devraient s'endetter pour survivre, ce qu'ils font d'ailleurs régulièrement, malgré les aides de l'État. Les 60% de la classe moyenne dégagent une épargne médiocre, pendant que les 20% les plus riches ont les moyens de se constituer un pactole. Jean-Philippe Cotis ajoute : « La masse des plus bas niveaux de vie a augmenté beaucoup plus vite que le groupe médian compris entre les 2e et le 9e déciles. On observe aussi que pour le 9e décile, les niveaux de vie n'ont pas très bien « tiré leur épingle du jeu. En revanche, les niveaux de vie situés au-dessus du 9e décile, ont vu leur poids dans le total s'accroître. » Autrement dit, entre les 10% les plus riches (le 10e décile) et le reste de la population, un écart grandissant se creuse, accompagné d'un tassement des revenus pour les 90% restants de la population.

19. Tous ces extraits sont consultables sur :
www.insee.fr/fr/publications-et-services, pages 7 et 9 du discours, puis planches statistiques.

Ce discours commentait des planches particulièrement instructives, où les journalistes apprenaient par exemple que les 20% les plus pauvres de la population ont une épargne négative de 11% de leur revenu disponible, alors que les 20% les plus riches ont un taux d'épargne positive de 36% de leurs revenus. Ces chiffres bruts cachent des disparités plus profondes encore : les 20% les moins riches ont un revenu dit « arbitrable », c'est-à-dire déduction faite des charges obligatoires (logement, électricité, etc.), de 6 780 € annuels en moyenne, par unité de consommation, alors que les 20% les plus riches disposent de près de 40 000 €, soit 6 fois plus.

Le tableau que dresse assez objectivement Jean-Philippe Cotis démontre l'échec du pari rawlsien sur les inégalités. En effet, d'un côté les plus pauvres ne disposent pas de revenus qui leur permettent de vivre sans subvention extérieure. D'un autre côté, l'écart entre une minorité de revenus élevés et le reste de la population s'accroît, en faisant peser sur les classes moyennes l'essentiel de la solidarité vis-à-vis des plus pauvres.

À bon droit, la France pourrait se voir reprocher son retard dans la prise de conscience et dans la transparence sur ce phénomène. Dès octobre 2008, l'OCDE, temple du libéralisme, publiait un rapport dont la synthèse comporte des phrases d'une virulence extraordinaire pour ce type de publication[20]. Par exemple : « Le fossé entre les riches et les pauvres s'est creusé dans la plupart des pays de l'OCDE ces deux dernières décennies. Davantage d'individus risquent donc d'être marginalisés dans une économie

20. Il s'agit du rapport *Croissance et inégalités, L'évolution de la pauvreté et des revenus ces vingt dernières années*, consultable sur www.oecd.org/dataoecd/48/9/41530189.pdf

mondiale en constante mutation. Mais la tendance à plus d'inégalités n'est pas inévitable. » Ce rapport donne d'ailleurs un satisfecit à la France, à l'Espagne et à la Grèce pour avoir endigué au mieux ce phénomène par des politiques sociales volontaires, au milieu d'un univers industrialisé de plus en plus rude. Le rapport souligne : « depuis cinq ans, la pauvreté et l'inégalité s'aggravent dans les deux tiers des pays de l'OCDE ». Rappelons que, entre 2003 et 2008, ces pays avaient pourtant connu un regain de croissance. « C'est sur le marché du travail qu'il faut chercher la principale cause des variations des revenus. (...) À quelques exceptions près, l'écart entre les basses et les hautes rémunérations ont particulièrement progressé, non seulement par rapport aux basses rémunérations, mais aussi par rapport aux rémunérations moyennes », ajoute le rapport dans un regard extrêmement direct sur la réalité salariale, notamment de la classe moyenne.

Ces éléments montrent que la situation connue en France est en quelque sorte bien plus sombre dans les autres pays industrialisés, où les amortisseurs sociaux sont beaucoup moins épais. La doctrine rawlsienne vit ici son échec le plus patent. Dans les pays industrialisés, il est de plus en plus difficile de dissimuler que la religion de la croissance n'est pas productrice de bien-être pour les couches les plus défavorisées de la population. Au contraire, la croissance se traduit par un regain de pauvreté et un approfondissement du fossé entre de moins en moins de gens de plus en plus riches, d'une part, et de plus en plus de gens de moins en moins riches, d'autre part.

Ces informations très générales méritent d'être affinées. En effet, aucune étude statistique officielle n'analyse ni n'éclaire avec précision les véritables seuils de rupture dans l'échelle de revenus. La désignation des 10% les plus aisés dans la population, le fameux dernier décile, est une convention statistique qui ne représente qu'imparfaitement la réalité. Beaucoup, dans le dernier décile, ont un revenu proche de celui du 9e décile. Autrement dit, il n'y a pas 10% de la population qui s'enrichissent pendant que les 90% restants stagnent. Le déséquilibre est beaucoup plus marqué. La rupture se situe probablement au dernier centile, voire en deçà.

Une autre façon de présenter ce phénomène statistique consiste à dire que probablement moins de 1% de la population française, soit 600 000 personnes, et même peut-être moins de 0,5%, c'est-à-dire moins de 300 000 personnes, augmente fortement ses revenus, ou a augmenté fortement ses revenus durant les vingt dernières années, pendant que le reste de la population stagnait, voire déclinait. Il s'agit de cette fameuse aristocratie républicaine qui est à l'origine des grandes réformes économiques depuis les années 1980. Cette minorité groupusculaire mérite une analyse sélective.

Le *World Wealth Report*[21] publié par Capgemini et Merill Lynch a le mérite de nous introduire dans cet univers fermé.

Pour Capgemini et Merril Lynch, il existe deux catégories de riches : les simplement riches, qui détiennent au moins un million de dollars d'actifs financiers, et les ultra-riches qui disposent d'actifs financiers à hauteur de 30 millions de dollars. Les auteurs précisent que ces montants excluent les collections diverses et les résidences principales, ainsi que les biens de consommation durables. En 2007, la planète comptait un peu plus de 10 millions de

21. Le rapport cité ici est celui de 2008, portant sur des chiffres 2007.

riches, disposant d'une richesse totale de 40 000 milliards de dollars, en augmentation de 9,4% sur un an. Ce groupe représente environ 0,15% de la population mondiale. Le montant moyen de ces fortunes s'élevait à 4 millions de dollars environ. Le rapport souligne que, parmi eux, les ultra-riches ont bénéficié cette année-là de la plus forte croissance de leur fortune, avec 14,5% d'augmentation de la richesse accumulée en un an, et une hausse de leur nombre de 8,8%. En page 4 du rapport, un graphique indique que 40% de ces ultra-riches habitent l'Amérique du Nord, 25% l'Europe et 20% l'Asie. En page 5, le rapport rappelle la croissance des PIB respectifs. Ainsi, alors que la richesse des très riches s'était accrue de près de 15% en un an, la croissance du PIB de l'ensemble des pays industrialisés s'était ralentie pour se situer autour de 2%. Seuls les pays émergents connaissaient une accélération de leur croissance, deux fois inférieure, cependant, à l'augmentation du nombre des plus riches en leur sein. Dans tous les cas, la richesse des plus riches a augmenté beaucoup plus vite que la croissance des pays dont ils étaient ressortissants, à un moment où l'OCDE indiquait que, dans ces mêmes pays, la pauvreté s'accroissait.

Dans nos sociétés, il existe une forme de consentement à ces accroissements d'inégalité, au nom de l'esprit d'entreprise. Au fond, les riches s'enrichissent parce qu'ils sont des conquérants modernes, des entrepreneurs, qui osent, et leur prospérité est la juste rétribution de leurs efforts. Au contraire, les pauvres s'appauvrissent parce qu'ils ne fournissent pas les efforts nécessaires pour améliorer leur condition.

Là aussi, le rapport CapGemini apporte quelques éclairages utiles, qui corrigent la représentation commune des bénéficiaires des revenus les plus élevés. Il signale par exemple en page 14 que « les individus à haut niveau de richesse se retirent vers des investissements plus sûrs et plus familiers[22] ». Ainsi, les placements sûrs (épargne liquide, placements à rendements garantis) ont grimpé de 9% en 2007.

Il faut d'ailleurs préciser que la prise de risque représente une part faible des placements pour les grandes fortunes : pas plus de 11% des avoirs pour les placements réellement risqués, dits alternatifs. Pour le reste, la gestion des portefeuilles se fait de façon prudente. Certes, un tiers des actifs est placé en actions, ce qui représente quand même une somme de 14 000 milliards de dollars, environ 25% de la capitalisation boursière mondiale. Mais plus de la moitié des portefeuilles est placée à l'abri des fluctuations économiques. 11 000 milliards de dollars sont investis en rendements garantis, soit 27% des actifs, ce qui équivaut à la dette souveraine américaine. 7 500 milliards de dollars sont placés en liquidité, soit 18% des encours. Et avec une véritable clairvoyance, les plus riches ont abandonné les placements immobiliers avant la crise des subprimes. L'immobilier représentait 24% des portefeuilles en 2006, mais seulement 14% en 2007. Le rapport Capgemini le note : les hauts revenus du monde entier « se sont retirés de l'immobilier plus tôt et de façon plus importante que prévu[23] ». Dans cette heureuse prévoyance, les hauts revenus ont donc évité une déroute financière et ont avec beaucoup d'à-propos protégé leurs avoirs.

22. En anglais : «HNWIs retrench to safer, more familiar investments.»
23. «HNWIs across the globe pulled out of real estate investments earlier and more significantly than anticipated», p. 15.

Ces quelques éléments permettent de nuancer la vision presque romantique d'entrepreneurs partis de rien et arrivés péniblement à se constituer leur coin de paradis, que certains nous dépeignent régulièrement pour justifier les inégalités. En réalité, les hauts revenus gèrent de façon très prudente leurs actifs et n'en apportent qu'une part limitée au financement de l'économie.

La France manque d'études précises pour illustrer la place des hauts revenus dans son économie. En revanche, le magazine *Challenges*[24] a la bonne idée de publier un classement annuel des 500 plus grosses fortunes de France. Le classement 2009, établi sur des bases sensiblement identiques à celles du rapport Capgemini (fortunes professionnelles hors résidence principale et collections) mérite une lecture un peu approfondie.

Il faut d'abord noter que la 500e fortune française se chiffre à un actif financier de 53 millions d'euros, soit deux fois plus que les très hauts revenus étudiés par Capgemini. Les fortunes présentées sont donc beaucoup plus sélectives que dans l'étude précédente. En outre, le tableau publié par *Challenges* est loin de l'exhaustivité car il occulte de nombreuses fortunes peu renseignées, notamment celles de grands patrons financiers français.

La revue note que les 500 plus riches français disposaient d'une fortune totale de 280 milliards d'euros en 2007, réduite à 194 milliards en 2008, du fait des pertes boursières, mais revenue à 241 milliards en 2009. Le regain de fortune s'élevait donc à 25% en un an. Pour les dix premières fortunes, cette augmentation s'élevait même à 35%, avec un montant total d'actif de 98 milliards d'euros,

24. *Challenges* n°220, 8 juillet 2010

soit près de 10 milliards d'actifs par individu. Il est intéressant de pointer que les 10 plus riches disposent à eux seuls de 40% des actifs des 500 plus riches, soit une somme équivalente à 5% du PIB français répartie entre une poignée de bénéficiaires.

Challenges dénombre 42 milliardaires en France en 2010, 7 de plus qu'en 2009. Pour l'essentiel, il s'agit de familles encore aujourd'hui détentrices du capital de l'entreprise que leurs ancêtres ont fondée. En 38e place, par exemple, disposant de 1,1 milliard d'euros, la famille Roquette et ses 160 descendants contrôlent le capital de l'entreprise éponyme productrice d'amidon. Ils reproduisent à taille presque modeste le schéma de la famille Mulliez, deuxième au classement avec une fortune de 19 milliards d'euros, qui contrôle Auchan, Decathlon, Leroy-Merlin, etc. La revue a le bon goût de nous préciser que 550 cousins y sont à la manœuvre, structurés autour d'un conseil de gérance, l'Association familiale Mulliez. « Entre mi-mai 1999 et mi-mai 2008, le portefeuille familial s'est envolé de 150% quand le CAC 40 perdait 25%[25]. » Les commentaires que la revue ajoute sur la stratégie familiale sont extrêmement judicieux pour comprendre ce qu'est le capitalisme à l'ancienne. « Un Mulliez n'est véritablement jugé que sur sa capacité à créer une entreprise. (...) Seulement 1% de la valeur des entreprises est redistribué chaque année sous forme de dividendes. Le solde est réinvesti dans les entreprises[26]. » Le capital français, dans sa formule traditionnelle, ne s'exprime donc ni par l'ostentation, ni par l'immobilisme. Il porte des valeurs très disciplinées de préservation et d'augmentation de la fortune familiale.

25. *Challenges* n°220, 8 juillet 2010, p.67.
26. Idem.

L'ensemble des milliardaires français « chassent » en famille – faut-il le préciser ? – à trois exceptions près : le premier d'entre eux, Bernard Arnault, propriétaire du groupe de luxe LVMH à 47% ; le 11e, Vincent Bolloré, propriétaire à 80% d'un groupe de transport et de services au chiffre d'affaires de 6 milliards d'euros, et le 27e, Romain Zaleski, homme d'affaires propriétaire de plusieurs participations dans différents groupes. Le cas de Benjamin de Rotschild, douzième fortune avec 2,8 milliards d'euros, est à part : propriétaire du groupe Edmond de Rotschild, il peut assez commodément être assimilé aux groupes familiaux. Ceux-ci structurent l'essentiel de la fortune française. Nous sommes là encore loin du portrait idyllique des entrepreneurs qui se hissent à la force du poignet et à la sueur de leur front. L'enrichissement en France est d'abord le produit d'une stratégie familiale pérenne, organisée, entretenue.

En réalité, les grandes fortunes ne sont pas entre les mains d'acteurs isolés, mus par un individualisme aventureux. La richesse est l'apanage de gens patients et prudents, qui fonctionnent comme de véritables groupes de pression. Ce point est important, car il contrevient à la représentation théorique d'un marché où se croisent vendeurs et acheteurs atomisés, négociant leurs tarifs à égalité. Les détenteurs du capital ne correspondent pas à cette description. Ils se sont constitués en syndicats familiaux, avec des règles de gouvernance strictes, comme celles de la famille Mulliez, et agissent en meute pour mieux défendre leurs intérêts.

Cette particularité explique largement leur succès, et notamment la surperformance de leurs actifs par rapport aux indices boursiers. Les fortunes familiales, loin du romantisme entrepreneurial, se dotent des moyens nécessaires à leur maintien et à leur expansion, malgré les avatars de l'économie. Leur cohésion collective est un élément essentiel de leur prospérité.

En ce sens, elles constituent bien une aristocratie. Elles sont mues par des intérêts communs liés à la sauvegarde de leur fortune et de leur position dans l'ordre social. Elles sont capables de se liguer ou de constituer des groupes de pression pour préserver cette position. Elles mènent des actions conscientes d'influence auprès des pouvoirs publics pour défendre leurs intérêts, obtenir des législations et des réglementations qui leur sont favorables.

Face à elles, et très largement pour préserver les taux de profit de cette aristocratie, les sociétés industrialisées ont laissé se développer de nouvelles catégories de miséreux, qui représentent une part croissante de la population. Le développement endémique d'une couche de citoyens en marge du fonctionnement normal de la société a même donné naissance, il y a une bonne vingtaine d'années, au concept d'exclusion. Les sociétés occidentales excluent, de l'intérieur, une fraction plus ou moins importante d'elles-mêmes.

Il est difficile de recenser exactement le nombre de ces exclus. D'abord parce que les méthodes statistiques ne permettent pas forcément de les dénombrer tous. Ensuite parce que l'exclusion est un phénomène diffus, non réductible à un statut simple.

Une évaluation possible consiste à assimiler les exclus aux bénéficiaires des minima sociaux, c'est-à-dire aux bénéficiaires des prestations de solidarité délivrées par l'État à ceux qui n'ont aucune ressource. Dans un tableau retraçant de façon synoptique l'évolution de ces bénéficiaires depuis 1999[27], l'INSEE montre que leur nombre n'est jamais

27. http://www.insee.fr/fr/themes/tableau.asp?ref_id=NATSOS04604

descendu au-dessous de 3,250 millions de personnes durant cette période. L'étiage a été atteint en 2002. Ce chiffre est monté à 3,5 millions en 2005. Autrement dit, la France compte de façon constante et stable depuis 10 ans une fraction de 5% de sa population qui vit de ces minima, dont les montants sont inférieurs au seuil de pauvreté. En 2007, ce seuil était de 757 € pour une personne seule selon la méthode française de calcul, et de 908 € selon la méthode européenne de calcul.

Il est d'ailleurs intéressant de noter que, selon l'Insee, la France comptait, en 2007, 7,2% de pauvres selon la méthode française, alors que ce taux était de 6,5% en 2000. Selon la méthode européenne de calcul, ce taux est monté à 13,4% de la population en 2007, contre un taux de 12,7% en 2000[28]. Ces fortes fluctuations expliquent en partie pour quelle raison la France ne calcule pas le seuil de pauvreté comme ses voisins : de nombreux salariés ont un revenu à peine supérieur au seuil de pauvreté, et une variation infime de celui-ci contribue à une modification forte du volume de personnes concernées.

Dans ces données, ne figure pas le nombre de chômeurs. Il n'est pas évident de rattacher ceux-ci aux exclus, dans la mesure où le chômage est une situation transitoire qui touche des personnes bénéficiant encore de droits à l'indemnisation. Néanmoins, il faut se rappeler que le chômage touche depuis 1983 au moins 7% de la population active, avec des pics au-dessus de 10% entre 1993 et 1999. Depuis près de vingt ans, la France conserve un volant permanent d'au moins 2 millions de salariés sans emploi. Dans les pires années, l'addition des chômeurs et des bénéficiaires

28. La France place ce seuil à 50% du revenu médian, l'Union Européenne à 60%.

de minima sociaux atteint 10% de la population totale du pays. Ces chiffres sont évidemment donnés sans entrer dans l'interminable querelle de la définition statistique du chômeur, qui laisse à penser que le taux réel de chômage est bien supérieur au taux affiché. Il ne tient pas non plus compte du nombre de salariés qui rêvent d'occuper un emploi à temps plein, mais ont seulement accès à un emploi à temps partiel.

Ces chiffres effrayants sont généralement reçus avec passivité par l'opinion publique. Dans la pratique, nous nous sommes accoutumés à l'exclusion. Il nous semble presque fatal de vivre dans une société où au moins 10% de la population n'ont pas vocation à bénéficier du même statut social que les autres. Le renoncement au plein emploi est devenu une donnée immédiate de la conscience civile contemporaine.

Ces chiffres, au demeurant, laissent de côté des situations d'exclusion sociale plus troublantes encore. Parmi celles-ci, les plus fortes sont sans doute celles qui échappent le plus aux statistiques officielles.

Le nombre d'étrangers sans-papiers, par exemple, c'est-à-dire d'étrangers sans aucun droit institutionnel reconnu, fait l'objet d'approches statistiques difficiles et improbables. Le *Rapport au Parlement sur les orientations de la politique d'immigration* présenté en décembre 2008 par le secrétariat général du comité interministériel de contrôle de l'immigration évoque le chiffre de 200.000 environ[29], proche du nombre de bénéficiaires de l'Aide médicale d'état. Certaines associations doublent volontiers cette estimation. En tout cas, le rapport 2008 indique qu'en

29. Page 97.

2007 près de 70 000 étrangers ont été interpellés en situation irrégulière en France[30]. Ce chiffre était d'à peine 45 000 en 2003-2004. Sauf à prêter à nos services de police une efficacité telle qu'ils aient pu, en un an, interpeller le tiers des sans-papiers présents sur le territoire, il faut bien convenir que l'estimation de 200 000 étrangers en situation irrégulière est modeste. Le même rapport indique que chaque année depuis 2003, la France attribue entre 25 000 et 30 000 titres de séjour à des étrangers entrés de façon irrégulière sur le territoire[31]. Si l'on admet l'hypothèse que pour obtenir cette régularisation, la personne sans papier doit prouver dix ans de présence sur le territoire, une rapide projection laisse penser que la France compte environ 300 000 sans-papiers.

Une autre forme d'exclusion est celle de l'ignorance. Dans une société où l'accès à une technologie de plus en plus évoluée devient déterminant, la maîtrise d'un socle fondamental de connaissances et de savoir-faire validés par un diplôme est une condition d'intégration à la société. Or, la France laisse chaque année sortir de l'école plus de 100 000 jeunes (entre 120 000 et 150 000 selon les estimations), sans aucun diplôme, soit entre 15 et 20% de chaque classe d'âge. De façon assez cynique, cet échec scolaire coûte au citoyen chaque année entre 6,5 milliards et 10 milliards d'euros, dans l'indifférence générale[32].

En réalité, l'échec scolaire est un double gouffre financier. D'une part, il conduit à dépenser chaque année des

30. Page 90.
31. Page 94.
32. Le coût moyen d'un élève tous cycles confondus est de 6.470 euros. Si l'on admet que la scolarité d'un jeune qui quitte l'école à 16 ans sans diplôme dure 10 ans, la dépense totale consentie en pure perte pour un élève sans diplôme est de 64 700 euros. Ce chiffre est extrait des *Éléments pour un diagnostic sur l'école*, de Hardouin, Hussenet, Septours et Bottani, octobre 2003, p. 53.

sommes extrêmement importantes, c'est-à-dire à investir à long terme, sans aucun retour final. Ensuite, il constitue une fabrique de citoyens peu qualifiés, fortement exposés au risque de chômage et d'exclusion, donc susceptibles de recourir rapidement à l'intervention solidaire de l'État.

Surtout, l'échec scolaire manifeste le malaise patent de notre société, incapable de porter chacun à un niveau minimum d'existence, et financièrement et moralement.

Le catalogue des différentes pauvretés et des couches disqualifiées de la société ne vise pas à l'exhaustivité. Il cherche plutôt à donner des pistes sur le délitement progressif de notre tissu social au cours des ans. Au nom de la croissance, notre société s'est engagée dans une logique de mise à l'écart discrète, mais constante, d'une partie grandissante de nos concitoyens. Dans le même temps, la fraction la plus riche de la population n'a cessé d'améliorer son sort. Il est imaginable d'accepter cet état de fait, à condition qu'il se donne pour tel. Or la religion de la croissance se fonde sur l'illusion qu'elle est la meilleure voie d'accès à une prospérité collective.

Cette dualité – une minuscule minorité qui prospère, pendant que 10% ou 15% de la population vivent dans des conditions précaires sans espoir d'améliorer leur sort – pourrait être acceptable, dans un raisonnement cynique, si la majorité de la population parvenait à profiter de la croissance. L'enjeu consiste donc à mesurer l'état moyen de cette majorité durant les trente dernières années.

Les critères à retenir pour analyser de façon pertinente la place des 80% « médians » de la population foisonnent et permettent des conclusions extrêmement différentes, qui font l'objet d'un rapport du Conseil d'analyse économique publié en 2008, au titre évocateur : *Mesurer le pouvoir d'achat.* Une batterie de statistiques permet en effet de démontrer que le pouvoir d'achat des Français augmente année après année. Malgré cela, le ressenti moyen est régulièrement celui d'une baisse de ce pouvoir. Assez astucieusement, le rapport évoque les biais de perception dont sont victimes les ménages, pour expliquer la différence entre la vérité statistique et ce que les Français en voient. « Par cette expression, nous désignons la distance que les processus de cognition sont susceptibles d'introduire entre une réalité objective, d'un côté, et la perception et les représentations qu'en ont les acteurs, de l'autre[33]. » Nous retrouvons là l'extraordinaire certitude du statisticien selon laquelle ses chiffres valent mieux que toutes les expériences concrètes.

Pour reposer le problème à partir de ses fondamentaux, un petit portrait de la France depuis 1950 n'est pas inutile. Selon les chiffres de l'INSEE, entre 1951 et 1974, le salaire moyen net annuel (c'est-à-dire hors cotisations sociales), a été multiplié par 2,7 en euros constants[34]. Entre 1975 et 2007, le même salaire moyen annuel a été multiplié par 1,25[35]. Les salaires depuis 1975 hors inflation ont donc augmenté beaucoup moins vite que durant les vingt-cinq années précédentes. La perception des salariés est assez légitimement celle d'un ralentissement de la prospérité, même si celle-ci continue.

Ce ressenti s'amplifie avec le temps. Entre 1975 et 1990, le salaire moyen a augmenté de 18%. Entre 1990 et 2005, soit un laps de temps identique, le salaire moyen a augmenté de 6%. Les fruits du travail sont de moins en moins sucrés : à mesure que le temps passe, les hausses de salaire se font plus maigres.

---

33. Page 25.
34. De l'indice 100 à l'indice 271.
35. De l'indice 279 à l'indice 353.

Cette situation est forcément encore moins bien vécue dès lors que les grandes fortunes connaissent une véritable floraison.

Le rapport du Conseil d'analyse économique cité plus haut ajoute des données tout à fait saisissantes sur l'évolution du pouvoir d'achat depuis 1975. Il repart de la définition de l'indice des prix à la consommation (IPC) suivi par l'INSEE, et régulièrement confondu avec le taux d'inflation, même si l'INSEE prend soin de préciser : « l'indice des prix à la consommation n'est pas un indice du coût de la vie[36] ». Cette nuance trouve tout son sens si l'on pondère l'indice INSEE avec l'évolution des dépenses de logement. Sous prétexte que celles-ci sont des investissements et non de la consommation, l'indice des prix n'intègre que les loyers, selon une technique statistique dont l'heureux effet est d'occulter l'effort d'accession à la propriété.

L'article de Gabrielle Fack, en complément du rapport du Conseil d'analyse économique, a le mérite de donner une meilleure transparence à la dépense de logement. Son analyse permet de nuancer fortement l'appréciation de l'évolution du niveau de vie : « La part des dépenses de logement dans le budget des ménages a fortement augmenté depuis les années cinquante. (...) Cependant, la hausse du coût du logement n'a pas affecté tous les ménages de la même façon. En effet, le statut d'occupation introduit une forte hétérogénéité dans la situation des ménages, entre les propriétaires non accédants, qui s'acquittent uniquement des dépenses d'entretien du logement, et les locataires ou les accédants à la propriété, pour qui les dépenses de logements représentent actuellement le premier

36.http://www.insee.fr/fr/methodes/default.asp?page=definitions/indice-prix-consommation.htm

poste de consommation[37]. » Autrement dit, pendant que les salaires augmentaient faiblement, le prix de l'immobilier a fortement affecté les locataires et les accédants à la propriété.

Ainsi, pour un indice 100 en 1960, l'indice des prix à la consommation en 2005 avait atteint 1000, le revenu disponible brut des ménages l'indice 2000, et les prix des logements anciens l'indice 5000. Concrètement, le prix du logement à l'achat a donc évolué 2,5 fois plus vite que le revenu brut des ménages et 5 fois plus vite que l'indice des prix. Cette évolution emporte deux conséquences sociales fortes. La première porte sur la valeur de l'héritage : ceux qui disposent d'un logement à la naissance bénéficient d'un immense avantage, qui ne cesse de se valoriser, par rapport à ceux qui doivent se priver pendant une bonne partie de leur vie pour accéder à la propriété. Deuxièmement, ceux qui cherchent à accéder à la propriété doivent fournir un effort grandissant qui rend de plus en plus sensible la baisse effective de leur pouvoir d'achat sur le reste des biens de consommation. Gabrielle Fack précise que le « taux d'effort moyen des accédants est passé de 12% en 1978 à 18% en 2002[38] » avec de fortes disparités selon le niveau de revenu. En particulier, les 20% les moins riches fournissent en 2002 un taux d'effort de 27%, au lieu de 16% en 1978. Autrement dit, la part des ressources consacrées à l'achat de logement dans les milieux les plus défavorisés a augmenté de plus de 50% en moins de vingt-cinq ans. Dans ces conditions, il n'est pas surprenant que, malgré l'augmentation relative des revenus disponibles, les ménages aient la perception d'une diminution de leur niveau de vie.

337. op. cit., p. 247.
38. op. cit., p. 257.

Un phénomène identique se produit pour les locataires. Gabrielle Fack souligne que le loyer moyen déflaté a augmenté, entre 1973 et 2002 de 90% pour les 50% de la population aux revenus les plus élevés, et de 154%, dans la même période, pour les 20% les moins riches[39]. La part que les revenus les plus modestes consacrent à leur loyer prend donc des proportions alarmantes, surtout pour ceux qui ne sont pas logés dans le parc social. Certes, une politique d'aide au logement a atténué les effets de cette augmentation. Malgré cela, « la charge financière nette (une fois les aides déduites) a augmenté de 88% pour les ménages locataires du secteur libre des deux premiers déciles[40]».

La mise en perspective de la dépense de logement avec les hausses de salaire permet de montrer les biais statistiques produits notamment par l'indice des prix à la consommation. En apparence, le niveau de vie augmente plus vite que les prix. En réalité, le boom de l'immobilier que les pays industrialisés ont connu depuis les années 1980 a placé les accédants à la propriété et les locataires sous une contrainte grandissante et a effectivement réduit le niveau de vie collectif. Cet état de fait est acceptable dans la mesure où cette évolution s'est accompagnée d'une amélioration des logements. En 2002, la France ne comptait plus que 800 000 logements sans sanitaire, soit 2,5% du parc. En 1954, 40% des logements n'avaient pas l'eau courante[41]. En même temps, la taille moyenne des logements s'est accrue. Ces progrès rendent supportables, dans une certaine mesure, l'augmentation forte que la dépense de logement

39. op. cit., p. 261.
40. op. cit., p. 263.
41. op. cit., p. 232.

a connue durant ces vingt-cinq dernières années. Néanmoins, elle est bien productrice d'une diminution nette du revenu « arbitrable »[42] des ménages.

À ce tableau montrant que la croissance économique s'est traduite par une amélioration faciale du niveau de vie, mais par une diminution globale du revenu arbitrable, il faut ajouter deux points majeurs.

Premièrement, l'évolution des prix du logement est très largement supérieure à la croissance du PIB. Contrairement aux théories néoclassiques selon lesquelles l'abondance de l'offre débouche sur une baisse des prix, le marché du logement connaît une hausse continue, indifférente à la baisse tendancielle de la demande. Une des explications les plus fortes tient à l'augmentation considérable de la liquidité sur le marché mondial. La masse monétaire des principales économies représentait 30% du PIB en 2007, soit deux fois plus qu'en 1980[43]. Cette abondance de liquidités oblige ses détenteurs à les placer de la façon la plus prudente possible. L'immobilier a longtemps constitué l'un de ces placements. La hausse des prix dans ce secteur résulte donc de l'enrichissement frénétique d'une partie de la population, dans la foulée de la croissance déraisonnable de ces dernières années, qui a de plus en plus « d'argent à placer ». En ce sens, la diminution du niveau de vie des couches les plus défavorisées de la population du fait de l'augmentation de l'immobilier a contribué à l'enrichissement des propriétaires. Il n'est pas inutile de rappeler ici que les 20% les plus riches détiennent en France 64% du patrimoine, et les 50% les moins riches en détiennent

42. Le revenu arbitrable équivaut au revenu disponible moins les dépenses pré-engagées.
43. Artus, Betbèze, de Boissieu, Capelle-Blancard, *De la crise des subprimes à la crise mondiale*, La documentation française, 2010, p. 10.

7%. Cette répartition souligne de façon flagrante l'impact fortement inégalitaire de la hausse des prix immobiliers, puisqu'elle enrichit les riches et appauvrit les pauvres. En ce sens, l'explosion de la richesse mondiale depuis trois décennies se traduit par une inégalité sociale de fond.

Deuxièmement, l'augmentation de l'effort de logement augmente le risque financier global pour notre économie. En effet, la hausse des prix à l'achat conduit les ménages à diminuer au maximum leur effort mensuel en allongeant la durée de leur emprunt. Parallèlement, l'exigence des banques sur le montant des apports personnels s'est abaissée. Afin de maintenir actif le marché immobilier, les financeurs tendent donc à se rendre de plus en plus tolérants au risque. Ces ingrédients sont ceux qui ont fait la crise des subprimes : facilités de plus en plus grandes consenties à des acheteurs de plus en plus risqués et de plus en plus endettés. Le paradoxe de la hausse constante de l'immobilier consiste donc à mettre en risque la totalité du système économique pour assurer l'enrichissement permanent de quelques-uns.

Dans ce contexte, il est évident que le discours de la croissance dissimule de profondes distorsions entre les catégories de population. D'un côté, les rares bénéficiaires de la croissance font feu de tous bois pour accumuler sans cesse de nouvelles richesses. D'un autre côté, les apporteurs de croissance que sont les salariés voient leur niveau de vie de plus en plus comprimé par la modération salariale et le renchérissement du logement. Ces distorsions ont d'importantes conséquences sociales, car elles participent de la pensée ambiante selon laquelle le travail coûte trop cher et entrave trop les taux de profit que le capital attend.

Le débat sur le coût du travail mérite ici une analyse un peu approfondie.

Après une longue période de plein emploi (entre 1950 et 1975), les sociétés industrialisées ont connu une montée du chômage. Initialement, celui-ci fut perçu comme une conséquence temporaire de la crise pétrolière de 1973. Mais, face au maintien d'un volant dit incompressible de chômeurs, certains économistes libéraux ont propagé l'idée que ce chômage résultait d'un coût du travail trop élevé, surtout en France. Cette idée est d'ailleurs conforme à la théorie néo-classique héritée de Walras : si des demandeurs d'emploi ne trouvent pas de travail, cela s'explique d'abord parce qu'ils attendent une rémunération supérieure au prix que l'employeur est prêt à acquitter. Faute d'un ajustement du prix à la réalité de l'offre, le marché du travail est en équilibre sous-optimal, c'est-à-dire qu'il produit du chômage.

Depuis plus de vingt ans, une offensive intellectuelle est donc menée méticuleusement pour convaincre l'opinion que les salariés français coûtent trop cher, et que cette cherté est la principale cause de chômage. Deux arguments sont systématiquement répétés pour étayer cette théorie : le temps de travail en France est insuffisant, et les charges sociales sont trop élevées.

Pour tout ce qui touche au temps de travail, l'accusation la plus forte porte sur les « 35 heures », qui auraient scandaleusement réduit la durée hebdomadaire du travail. Les lois de 1998 et de 2000, adoptées sous le gouvernement Jospin, ont cristallisé cette question jusqu'à la transformer en ligne de partage entre deux mondes: d'un côté, les défenseurs du retour au plein emploi par le partage du travail, de l'autre, les partisans d'une France laborieuse qui fonde sa prospérité sur l'effort. Le slogan « travailler plus pour gagner plus » de Nicolas Sarkozy en a constitué une parfaite illustration. Sans rentrer dans la polémique sur le calcul exact de la durée du travail en France, où certains rappellent que, sans les salariés à temps partiel et en tenant compte des heures supplémentaires, les Français travaillent plus que leurs voisins européens, il faut reconnaître que les partisans d'un allongement de la durée du travail commettent quelques oublis lorsqu'ils défendent leur thèse.

Au premier chef, les lois sur les 35 heures ont prévu une mise en place dans les entreprises par accord collectif permettant une modération salariale. Concrètement, le passage aux 35 heures s'est soldé par une stagnation des salaires. Certains économistes ont chiffré cet effet à 0,3 point d'augmentation des salaires sur 3 ans, de 1999 à 2002[44]. La réduction du temps de travail a donc constitué une formidable contrepartie sociale à un vaste mouvement de compression des coûts salariaux, à l'occasion duquel les employeurs aiment à rappeler aux salariés qu'avoir un travail est un privilège dans un monde de chômage.

Mais l'argument sur le coût du travail le plus récurrent est celui des charges sociales. La ponction exercée en France serait trop élevée et dissuaderait les employeurs de recruter. La Commission pour la libération de la croissance française, présidée par Jacques Attali, a publié en janvier 2008, un rapport qui rappelait : « la différence entre ce que coûte un salarié à son employeur et ce qu'il touche au final comme revenu net est particulièrement importante, en raison du montant élevé des charges pesant sur le coût du travail : pour un 1 euro de salaire net versé, le coût est de 1,8 en France, 1,5 aux Pays-Bas et 1,25 au Royaume-Uni. Ceci

44. Desplatz, Jamet, Passeron, Romans, *La modération salariale en France depuis le début des années 1980*, *Economie et statistique*, n°367, 2003, pp. 39-67.

pénalise fortement l'emploi, et de façon générale le travail par rapport au capital[45] ».

Face à ce chiffre-massue asséné par une commission officielle, les esprits raisonnables ne peuvent que partager l'urgence de diminuer le coût du travail en France, surtout si le différentiel du coût horaire entre les Français et les Britanniques s'élève à 0,55 point, soit un surcoût de 45% du salarié français par rapport à son homologue d'Outre-Manche. Les observateurs avertis remarquent cependant que le rapport Attali parle des Pays-Bas ou du Royaume-uni, mais pas de l'Allemagne où le coût horaire du salarié est supérieur à celui de la France, ni du Danemark qui est dans le même cas. Surtout, ce différentiel de 45% entre le coût horaire du salarié français et du salarié britannique ne manque pas de surprendre. L'ensemble des données chiffrées disponibles indique en effet que ce différentiel est au pire de 20%. Le second rapport Attali, publié en juin 2010, apporte d'ailleurs une nuance substantielle au raisonnement : « Le coût du travail dans l'industrie manufacturière est 15% plus cher en France que dans la moyenne de la zone euro, même si la prise en compte des gains de productivité relativise le positionnement du coût du travail moyen en France par rapport aux principaux pays industrialisés[46]. »

L'allusion à la productivité des salariés français n'est pas inutile, car elle permet de rappeler que, en une heure de travail, un salarié français produit beaucoup plus qu'un salarié étranger. Cette différence comble très largement le coût prétendument élevé du travail en France. Ainsi, une

---

45. *Rapport de la Commission pour la libération de la croissance française*, p. 209.
46. Page 72.

étude de 2005 de l'OCDE montre que, en 2002, pour une productivité horaire de 100 aux États-Unis, la productivité en France se situe entre 107 et 113 selon les études, alors que celle du Royaume-Uni se situe entre 79 et 86, et celle des Pays-Bas entre 102 et 106[47]. Autrement dit, il faut environ 1 h 20 à un salarié britannique pour produire le même résultat qu'un salarié français qui travaille 60 minutes.

Le dogme du coût du travail en France fait donc l'impasse sur la réalité moyenne du salariat français : une main-d'œuvre bien formée et efficace, qu'aucun employeur n'a de raison objective de payer au tarif des pays émergents. Cela dit, dans la grande braderie du travail qu'a inaugurée la croissance économique à tout prix, tout est toujours trop cher, dès lors que cela empiète sur les revenus de l'aristocratie.

Pourtant, les études sont formelles, le travail profite globalement beaucoup moins de la croissance que le capital. La lecture du rapport du Conseil d'analyse économique intitulé *Le partage des fruits de la croissance en France*, dont les auteurs sont Gilbert Cette, déjà cité sur le rapport de l'OCDE, Jacques Delpla et Arnaud Sylvain, publié en juillet 2009, permet d'ailleurs d'éclairer notre lanterne sur ce point. Ce rapport examine le partage des profits dans les sociétés non financières, c'est-à-dire en dehors des secteurs comme la banque ou l'assurance, où les profits boursiers peuvent introduire un flou sur la nature des résultats. Il indique notamment que, depuis la fin des années quatre-vingt, la part du travail dans les résultats

47. Bourlès et Cette, Une comparaison des niveaux de productivité structurels des grands pays industrialisés, *Revue économique de l'OCDE*, n°41, 2005/2, p. 87.

des entreprises est extrêmement stable : « les parts, dans la valeur ajoutée, des profits bruts et de la rémunération du travail sont demeurées à peu près stabilisées en France sur les deux dernières décennies (...)[48] ». La conviction selon laquelle le travail serait de plus en plus coûteux ne recoupe donc aucune réalité macro-économique. En revanche, le rapport ajoute que, depuis 1990, les entreprises françaises se sont largement désendettées, pour verser des dividendes plus élevés à leurs actionnaires : « le bénéfice de la baisse des charges de l'endettement a été totalement contrebalancé par une hausse des dividendes versés[49] ».

Ces quelques éléments incitent à donner deux lectures cumulatives de la grande campagne de presse sur le coût du travail.

Premièrement, le travail ne coûte pas trop cher, mais l'aristocratie ne s'estime jamais assez rémunérée. Progressivement, les investisseurs qui prennent possession des entreprises sont de plus en plus à la recherche de rentabilité à court terme. Tout est bon pour s'enrichir. Faut-il désendetter les entreprises pour rémunérer les actionnaires ? Faut-il soustraire à leur profit les sommes nécessaires à l'investissement, au risque de saigner à blanc les entreprises et de mettre leur avenir en péril ? Faut-il diminuer les salaires ? Les actionnaires sont prêts à tout pour préserver leur marge.

Deuxièmement, la conviction s'est faite avec une telle force auprès de l'opinion, concernant le coût du travail, que les pouvoirs publics ont cru nécessaire de prendre des mesures fortes pour répondre à la question posée par les détenteurs du capital. Dans la foulée d'un économiste

48. op. cit., p. 39.
49. Idem.

belge appelé Sneessens[50], l'idée a germé de réduire les charges sociales pour les bas salaires, c'est-à-dire pour les salariés les plus exposés au risque de chômage. Tout au long des années 1990, pas à pas, les gouvernements successifs (de droite comme de gauche) ont proposé des allégements pour les salaires allant jusqu'à 1,6 SMIC. L'objectif affiché était d'enrichir la croissance en emplois, c'est-à-dire d'inciter, en baissant les coûts salariaux, les employeurs à recruter, au lieu d'investir dans des machines pour remplacer les salariés, selon le principe de la substitution du capital au travail.

Dans son rapport annuel de 2009, la Cour des comptes écrit ceci : « les nombreux dispositifs d'allégement des charges sociales étaient insuffisamment évalués en dépit de la charge financière croissante qu'ils représentaient pour les finances publiques (27,8 milliards d'euros en 2007, soit 1,5% du PIB)[51] ». La Cour rappelle en outre qu'elle a mis en garde sur l'inefficacité relative de ce dispositif. En fait, selon les études et les auteurs, la création nette d'emplois se chiffrerait entre 100 000 et 800 000 emplois. Aucune méthode ne permet de déterminer exactement la contribution de cette mesure à la lutte contre le chômage. Si l'on admet une estimation moyenne de 400 000 créations, reprise dans une publication de l'INSEE[52], un rapide calcul montre que chaque emploi créé bénéficie d'une subvention annuelle de 70 000 € environ, pour le versement d'un salaire annuel maximal de 27 000 € charges comprises.

50. Voir notamment son article dans les *Annales d'économie et de statistique*, n°37-38, janvier-juin 1995, « Real wages, skill mismatch and unemployment persistence, 1962-1989 ».
51. op. cit., p. 37.
52. David Sraer, *Allègements de cotisations patronales et dynamique salariale*, Insee, février 2007, p. 5.

Plutôt que de lutter contre le chômage, l'allégement de charges constitue donc d'abord une faveur accordée aux employeurs pour diminuer leur masse salariale et ainsi préserver leur taux de profit.

Le montage financier qui a permis d'alléger les charges illustre bien la façon dont le discours sur le coût du travail sert à atténuer le fardeau fiscal qui pèse sur l'aristocratie et à le transférer sur les assujettis. Les exonérations de charges sociales devaient en effet avoir un impact d'environ 30 milliards annuels sur les recettes de la Sécurité sociale française. Afin de ne pas mettre en péril les ressources de celle-ci, les gouvernements qui prirent la décision d'exonérer de charges les entreprises s'engagèrent à combler le manque à gagner de la Sécurité sociale par un transfert de ressources venant du budget de l'État. Ainsi, en loi de finances, l'État apporte-t-il, grâce aux ressources de la contribution sociale généralisée (CSG) un complément de financement aux caisses de Sécurité sociale équivalent à environ 1,5% du PIB.

Peu de Français ont porté attention à la signification exacte de cette innovation fiscale. En réalité, elle consiste à déporter sur eux une charge qui pesait sur les propriétaires du capital. Plus des 3/4 des ressources de l'État sont en effet assurées par les particuliers « ordinaires ». L'impôt sur les sociétés n'en représente que 18% et la taxe sur les salaires et l'impôt sur la fortune que 5,6%. En substituant le budget de l'État aux charges patronales, les gouvernements successifs ont donc ponctionné le pouvoir d'achat pour exonérer les employeurs d'une partie de leurs obligations contractuelles. Si l'on se souvient que la subvention par création d'emploi est environ trois fois supérieure au salaire versé, cette mesure d'allégement s'apparente purement et simplement à une mutualisation des coûts privés et à une privatisation des profits publics.

La difficulté majeure de cet exercice, et probablement sa signification la plus forte, reste que ce tour de passe-passe a été entièrement financé par le déficit public. En 2006 par exemple, la charge d'intérêts de la dette de l'État s'élevait à 46 milliards d'euros. Sans les exonérations de charges sociales à hauteur de 30 milliards d'euros, la France aurait donc pu, cette année-là, réduire suffisamment son déficit pour se désendetter. En admettant même que ces exonérations fussent préservées au prix coûtant, c'est-à-dire à hauteur du coût des emplois réellement créés, une économie de 15 ou 20 milliards d'euros aurait pu intervenir, qui atténuait d'autant le fardeau du déficit.

À la limite, le plus choquant n'est même pas que les employeurs français bénéficient d'un cadeau de 30 milliards d'euros pour seulement verser 10 ou 15 milliards de salaires à des travailleurs peu qualifiés. Mais le recours à l'endettement public pour financer cette opération est un scandale absolu. En effet, la dette de l'État est financée par des bons du Trésor majoritairement achetés par ceux-là mêmes qui bénéficient des allégements. Jusqu'à une date récente, la dette souveraine constituait en effet le meilleur placement financier pour les gens fortunés, puisqu'elle offre des rendements garantis alors que les actions comportent une forte part de risque. Le tour de passe-passe des allégements de charges consiste donc à adresser un double cadeau aux détenteurs du capital : d'une part, ce sont les contribuables qui payent leurs engagements à leur place, et d'autre part, les mêmes contribuables leur remboursent une deuxième fois la somme qu'ils ont payée initialement, mais cette fois avec des taux d'intérêt, puisque le cadeau fiscal est financé par l'endettement de l'État. Ce procédé est moralement inadmissible. Il est économiquement absurde.

Ce rapide survol du contenu de la croissance économique donne une mesure de la sophistique dans laquelle l'idéologie du marché nous introduit.

Sous couvert de produire du progrès, la croissance économique est en réalité une simple accumulation de biens et de services. En aucune manière, elle n'apporte une prospérité à la majorité. Au contraire, depuis la crise des années 1970, les salaires stagnent et le pouvoir d'achat est grignoté année après année par des dépenses incompressibles de plus en plus lourdes comme le logement. Les seules catégories de la population qui connaissent une authentique prospérité se concentrent dans le dernier décile, voire le dernier centile, de revenus. Leur prospérité se fonde assez largement sur l'effort que les autres tranches de la population fournissent pour assurer leur subsistance.

Face à la difficulté de maintenir les importants taux de profit que les propriétaires du capital attendent de leurs investissements, les managers sont conduits à exercer plusieurs arbitrages. D'abord, ils compriment au maximum les coûts salariaux en dégageant des gains de productivité et en modérant les salaires. Ensuite, ils exigent des pouvoirs publics d'importantes ristournes sur les charges qui pèsent sur eux.

Au total, la stratégie de la croissance économique, qui se présente sous l'apparence d'une doctrine positive pour l'ensemble de la société, se traduit par une dégradation progressive des rapports sociaux. L'exclusion s'enkyste. La pauvreté augmente plus vite que la richesse. La subordination des salariés à un ordre qui les dépouille toujours un peu plus des fruits de leur travail s'intensifie. Les ressources publiques sont mises à contribution de façon déraisonnable pour financer ce processus d'accumulation au bénéfice de quelques-uns. Bref, la croissance produit du mal-être.

Aucun projet républicain ne peut valider cette conception politique où l'ensemble des leviers de pouvoir est actionné dans le seul objectif d'enrichir quelques individus au détriment de la majorité. L'essence de la république est de porter une vision destinée à servir à l'intérêt général. La religion de la croissance constitue au contraire l'apothéose de l'égoïsme privé.

Cela signifie-t-il qu'il faut, comme certains mouvements contestataires des années 1970, lutter contre la croissance ?

D'une certaine façon, le renversement du problème par un éloge de la décroissance est aussi absurde que la religion de la croissance elle-même, ne serait-ce que par la référence, dans les deux cas, à la croissance comme critère des politiques à mener. En réalité, celle-ci n'est qu'une convention comptable qui ne nous dit rien sur la réalité des sociétés. Il nous faut ensemble décider d'autres critères pour jauger le monde que nous partageons. Certains ont préconisé des critères de bien-être. C'est une piste qui mérite d'être explorée. Dans tous les cas, il importe que ces critères soient décidés démocratiquement, et qu'ils soient compris par tous.

Chapitre III
La finance et le peuple

Je dois à l'excellent Gérard de la Martinière, qui fut un grand président de la Fédération française des sociétés d'assurances, ma désignation comme administrateur au titre du MEDEF à la Caisse nationale d'assurance vieillesse (CNAV), qui est supposée gérer le régime général de retraite. C'est sous l'impulsion d'un autre assureur, Denis Kessler, que le MEDEF avait quitté quelques années auparavant ce conseil d'administration. Laurence Parisot a décidé en 2008 de reprendre la place que le syndicat patronal y avait abandonnée. Cette palinodie se justifiait par la volonté de participer au grand débat sur les retraites qui devait avoir lieu cette année-là. Le débat fut finalement repoussé à 2010... avec l'inconsistance que l'on connaît, puisque le gouvernement a finalement fait adopter une réforme législative sans la moindre concertation avec les partenaires sociaux.

En attendant, il fallait siéger. Je découvrais le fonctionnement d'une caisse de Sécurité sociale. Je me souviens encore de la première séance du conseil d'administration à laquelle j'ai assisté. Il fallait notamment trancher sur différents problèmes de communication. La partie syndicale s'est étripée pendant deux heures sur la musique d'accueil du standard téléphonique de la caisse. Certains la trouvaient trop longue, d'autres trop chargée en notes. Quand on sait que jamais ce conseil d'administration ne débat de l'équilibre économique et financier du régime, on mesure la farce que constitue la présence des partenaires sociaux dans cette instance. En réalité, toutes les décisions y sont prises par la direction de la Sécurité sociale sous la tutelle du ministre chargé des Affaires sociales, et les partenaires sociaux ont éventuellement la faculté de voter contre les décisions gouvernementales, mais très fréquemment se contentent de « prendre acte », qui est une forme de vote que je n'avais jamais rencontrée jusque-là.

Je me suis inscrit à la Commission du budget et des moyens, qui, contrairement à ce que son nom indique, ne s'occupe absolument pas de l'équilibre général du régime, mais statue plutôt sur des problèmes d'intendance. L'aspect concret du sujet m'intéressait, et finalement m'a donné l'occasion de découvrir de façon assez inattendue le joug financier auquel nous sommes soumis aujourd'hui.

Début 2009, l'agent comptable de la caisse, qui est quand même chargée de verser chaque année environ 90 milliards d'euros de pensions à près de 13 millions de retraités, a présenté un dossier d'achat public particulièrement explosif. Le régime général fait en effet verser les retraites chaque début de mois par une banque, selon un procédé très organisé. En fin de matinée, la banque verse les montants prévus pour chaque bénéficiaire. Il y en a pour 7,5 milliards d'euros chaque mois. Vers 17 heures, la Caisse des dépôts et consignations, qui est une entité publique en charge de la trésorerie de la Sécurité sociale, rembourse la banque détentrice du marché de paiement. Les sommes en jeu sont colossales, et supposent un savoir-faire particulier : il faut, pour que tout ce processus marche sans problème apparent, une banque intermédiaire capable d'avancer près de 8 milliards d'euros pendant un jour et suffisamment industrialisée pour régler 13 millions de transactions dans la journée sans difficulté.

En France, seule la BRED, partie intégrante de Natixis, par le biais des Banques populaires, a développé un savoir-faire satisfaisant sur ce créneau de marché très spécifique, et très rémunérateur (la BRED perçoit plusieurs dizaines de millions d'euros pour ces opérations). L'inconvénient de ce système, dont aucun Français ne se plaint vraiment (même si les banques des clients semblent parfois tarder à verser sur les comptes l'argent qu'elles reçoivent de la BRED, ce qui laisse à penser certains qu'elles réalisent quelques menues opérations de trésorerie de cette façon), est qu'il confie à une seule banque la gestion d'un portefeuille énorme. Et il est de notoriété publique que les Banques populaires, auxquelles la BRED appartient, sont fortement exposées au risque systémique. Autrement dit, si le système bancaire français devait prendre l'eau, la BRED en serait l'une des premières victimes. La capacité de cette banque à faire l'avance de 8 milliards d'euros chaque mois est donc très douteuse, surtout en cas de forte intempérie sur la planète financière. Concrètement, nous pourrions donc nous trouver un jour dans la délicate situation où, à midi, la BRED annoncerait son incapacité à faire l'avance des retraites, en attendant que la Caisse des dépôts ne la refinance. Ce jour-là, la France connaîtra un vrai séisme.

Avec une remarquable conscience professionnelle, les services de la CNAV ont donc, à l'occasion du renouvellement du marché, qui intervenait en 2009, demandé aux banques candidates de prévoir un mécanisme de couverture *intra-day*. Autrement dit, pour pouvoir décrocher le marché de paiement des retraites, les candidats devaient souscrire un contrat d'assurances pour faire face au risque de trésorerie, de liquidité pour reprendre les termes techniques, qui pourrait survenir. Il s'agissait donc de trouver un assureur s'engageant à mettre au pot l'argent nécessaire pour payer les retraites le mois fatidique où la banque en charge du paiement n'aurait trouvé par exemple que la moitié de la somme nécessaire pour tenir jusqu'à 17 heures.

Et c'est là que je reçus une monumentale leçon sur le rapport de force entre la finance et les pouvoirs publics. Nous sortions de la crise de 2008 marquée par un credit *crunch*, c'est-à-dire une défiance telle entre les banques que l'une refusait de faire une avance de trésorerie à l'autre, cas de figure particulièrement embarrassant pour la BRED. Le risque de connaître une situation d'illiquidité de la banque payeuse était donc avéré ou, en tout cas, très réaliste. La BRED fit donc chiffrer le coût de sa couverture *intra-day* : plusieurs centaines de millions d'euros, ce qui enlevait toute rentabilité à l'opération. La BRED retira donc sa candidature. Et, en commission des budgets et moyens, il advint qu'aucun candidat ne s'était déclaré. Le marché était, comme on dit, infructueux.

Sur autorisation spéciale du contrôleur d'État, la BRED fut donc autorisée à verser pendant une année encore les retraites aux 12 millions de Français qui en bénéficient, en dehors des règles habituelles de marché public. Pendant ce temps, il fallut rédiger un nouveau cahier des charges, sans mécanisme *intra-day*. Il était évident pour tout le monde, que plus aucune banque ne se sentait en position de candidater à ce marché en s'assurant à prix raisonnable contre le risque d'illiquidité. Cela ne signifiait pas forcément qu'aucune banque française n'avait les reins assez solides pour faire face aux obligations de ce marché. En revanche, aucune d'entre elles n'avait envie de voir la commission qu'elle percevait à cette occasion amputée par le coût exorbitant d'un contrat d'assurance contre le risque financier.

Face à mon insistance en commission pour modifier le contenu du cahier des charges et maintenir une couverture contre le risque, il me fut rétorqué que, dans tous les cas, la banque bénéficierait, pour ces opérations, de la garantie de l'État. Autrement dit, si, vers 11 heures du matin, le patron de Natixis, ou d'une autre banque, était informé par ses services qu'il ne pourrait honorer ses engagements en matière de retraite, il appellerait l'Élysée pour obtenir une dérogation bancaire officielle, le droit de payer avec des caisses vides.

Ce qui s'est passé ce jour-là était assez simple : la Sécurité sociale était en train d'affirmer que la compagnie d'assurance des banques, c'est l'État, c'est-à-dire le contribuable. Une sorte de privilège spécifique de l'industrie financière, qui considère qu'elle n'a pas à s'assurer comme n'importe quel particulier, mais qui s'en remet au contribuable pour éponger sa situation en cas de difficulté majeure.

Comme je n'étais pas très satisfait de cette position, je me souviens d'avoir relativement tempêté en séance, et à plusieurs reprises. Finalement, un permanent du MEDEF m'a pris la manche et m'a demandé pour quelle raison ce sujet me paraissait si important, et s'il valait vraiment la peine d'être défendu. J'ai compris à ce moment que l'assujettissement du contribuable était une donnée fondamentale de notre système économique et que plus aucune conscience chez les décideurs n'était en position de s'opposer à cette logique. Autrement dit, il était devenu évident pour tous que l'aléa moral des banques, comme on dit, n'avait pas à être traité comme l'aléa moral d'une quincaillerie, d'une boulangerie ou d'un magasin d'informatique. Lorsque le banquier est en difficulté, il a un droit imprescriptible à l'intervention de l'État en sa faveur. Et si certains ne sont pas d'accord, tant pis pour eux : les banques refusent alors de participer et coupent le robinet du crédit jusqu'à ce que nous cédions.

Je tenais là une preuve inattendue du pouvoir exorbitant de la finance : celui d'infléchir au jour le jour la conduite des affaires publiques. Et le constat m'accablait. Jusque-là, j'avais naïvement cru que l'économie de marché consistait à s'affranchir de l'intervention financière de l'État. Brusquement, je touchais du doigt l'envers du décor, une évidence totalement paradoxale : en réalité, les entreprises financières ne peuvent faire leurs affaires que si et seulement si elles savent que le contribuable paiera en leur lieu et place. Sinon, elles doivent diminuer leur profit en payant pour s'assurer contre des risques que les citoyens assurent gratuitement.

Progressivement, il m'a semblé judicieux de mettre entre parenthèses l'ensemble des discours simplistes qui nous sont tenus sur le conflit entre secteur public et secteur privé, entre chiffre d'affaires et impôts, entre entreprises et administration. J'ai commencé à me demander dans quelle mesure l'économie de marché pourrait continuer à prospérer sans l'intervention de l'État ou de ce que les Anglo-Saxons appellent les *taxpayers*. Autrement dit, si ces fameux *taxpayers* décidaient de ne plus accorder un seul centime de subvention directe ou indirecte aux entreprises, que se passerait-il ?

Pour répondre à cette question, je me suis d'abord attardé sur la structure du capital et plus particulièrement à ce qu'on appelle la capitalisation boursière, c'est-à-dire la propriété des grandes entreprises.

Pour beaucoup de citoyens, il existe une légitimité de l'entreprise à affirmer son indépendance par rapport à l'État, dans la mesure où l'entreprise est privée. Dans le langage courant, cela signifie que l'entreprise est le résultat d'une prise de risque assumée par des particuliers avec l'argent, ou le capital au sens large, dont ils disposent. Si cette prise de risque est couronnée de succès, le mérite en revient aux entrepreneurs qui ont fondé l'entreprise et ils n'ont donc aucun compte à rendre à la collectivité. Cette vision idéaliste a une vraie cohérence et justifie assez fortement que la souveraineté populaire n'entrave pas la liberté du commerce, et notamment les choix internes des entreprises.

La difficulté est qu'un raisonnement simpliste consiste souvent à croire que toute entreprise est née d'une initiative privée chargée de risques, qu'elle a commencé par un pari lancé par quelques audacieux. En réalité, une lecture de ce qui constitue le capitalisme contemporain permet de corriger fortement cette représentation d'une économie privée faite d'entreprises risquées et totalement indépendantes des pouvoirs publics.

Il suffit par exemple de reprendre la liste des dix premières capitalisations boursières françaises pour dissiper tout malentendu sur ce qui constitue l'origine du capital. Cette liste rassemble environ la moitié de toute la capitalisation boursière française, dont le total se situe bon an mal an autour de 1 000 milliards d'euros, soit trois fois le budget de l'État. Ce qui frappe, à sa lecture, c'est le lien osmotique entre le capital privé et l'État.

Ainsi, la première capitalisation boursière française est l'entreprise Total, qui fut créée en 1924 pour gérer l'activité de l'État dans l'exploitation pétrolière en Irak. Depuis cette date, elle a absorbé ses concurrentes françaises sur le marché du pétrole, et a fait l'objet d'une privatisation. Il est évident que la fortune actuelle de Total n'aurait pu se constituer sans une protection constante de l'État.

Au mois de septembre 2009, la seconde capitalisation boursière française était un cousin éloigné du groupe Total, le géant du médicament Sanofi-Aventis. Pour mémoire, Sanofi était, dans les années 1970, une filiale du groupe Elf, alors entreprise publique absorbée depuis lors par Total. Là encore, il est difficile d'imaginer que le cinquième groupe pharmaceutique du monde ait connu une telle prospérité sans l'intervention publique initiale qui a permis de lui donner vie.

Dans les dix entreprises qui comptent, il faut ajouter les grands noms des réseaux de distribution : France-Télécom, GDF, EDF qui est entré dans ce classement en 2010. Inutile de rappeler que ces groupes sont privatisés de fraîche date, après avoir prospéré grâce à un monopole d'État. Leur particularité est d'exploiter des réseaux de distribution, qui constituent des rentes d'activité à l'abri du risque. Dans le même registre, il faut signaler Vivendi, cinquième capitalisation boursière en 2009, mais moins bien classée en 2010, qui a fait sa fortune grâce à la distribution d'eau dans les collectivités sous l'étiquette ancienne de Générale des eaux, et qui exploite aujourd'hui le réseau de télécommunications SFR. Faut-il rappeler que les pratiques cartellisées des entreprises de télécommunications font régulièrement l'objet d'attaques devant les régulateurs de la concurrence, et qu'elles tendent à fonctionner comme des monopoles étatiques ?

Un autre groupe d'entreprises mérite une mention spéciale : les entreprises financières. Qu'il s'agisse de BNP-Paribas ou de la Société générale, le lien avec l'État est évident, puisque ces deux entreprises appartenaient il y a trente ans au secteur public. Axa présente une situation légèrement différente, puisque cette entreprise est d'origine privée, mais a atteint une taille mondiale grâce au rachat d'une entreprise publique, l'UAP.

Dans le classement des dix premières capitalisations françaises, il ne reste plus, selon les années, qu'une place ou deux pour des entreprises qui ne sont pas d'anciennes sociétés publiques. Parfois, il s'agit de l'Oréal. La récente affaire

Bettencourt a rappelé la connivence entre l'État et ce groupe. Cette connivence est ancienne. André Bettencourt, par exemple, époux de Liliane, fille du fondateur du groupe l'Oréal, fut ministre sous de Gaulle, après avoir été secrétaire d'État sous Mendès-France et directeur de la revue *La Terre Française* pendant la guerre. La même connivence existe dans le cas d'une autre entreprise régulièrement classée dans les dix premières : LVMH. Son propriétaire, Bernard Arnault, fut par exemple le témoin de mariage de l'actuel président de la République.

Ces quelques illustrations montrent bien que l'essentiel de l'économie privée n'est pas constitué, comme on le croit souvent, comme l'imagerie populaire le veut, d'une race d'entrepreneurs qui, après avoir baroudé, se sont dignement enrichis. Elle est concrètement faite d'une privatisation d'entreprises publiques, voire de services publics ou de monopoles d'État. Dans ce cas de figure, quelle est la légitimité de ces entreprises à s'émanciper d'un contrôle citoyen et à revendiquer les droits dus à des activités totalement indépendantes de la collectivité ?

Des esprits libéraux auront sans doute la tentation de dire que cette réalité ne vaut que pour la France, pays héritier du colbertisme, et qu'elle ne vaut pas ailleurs, en particulier dans les pays anglo-saxons. Pour répondre à cette objection, il n'est pas inutile d'analyser la liste des dix premières capitalisations boursières mondiales.

Si nous reprenons le classement de 2007[53], c'est-à-dire celui d'avant la crise, nous constatons que, à l'échelle mondiale, le même phénomène se produit pourtant. À cette date, en dehors de Microsoft, aucune des dix premières entreprises du monde ne pouvait se prévaloir d'une activité

53. Selon le classement publié par le *Financial Times*, consultable sur http://media.ft.com/cms/66ce3362-68b9-11df-96f1-00144feab49a.pdf

étrangère à l'intervention de l'État. Ainsi, le classement compte en première place Exxon Mobil, qui a longtemps bénéficié de la cartellisation du marché du pétrole, mais aussi Gazprom en 6e position et Shell en 10e position, entreprises qui ont également prospéré grâce à des concessions d'État. On notera qu'en 2010, Petrochina, entreprise liée à l'État chinois, a rejoint ce classement.

Pour le reste, quelques grandes banques occupaient les premières places des capitalisations boursières mondiales : Citigroup, créée aux États-Unis en 1998 grâce à l'abolition de la loi Glass-Steagall prohibant le cumul d'activités d'investissement, de détails et d'assurances dans une même banque, Bank of America, de longue date favorisée par diverses législations américaines, et la Commercial Bank of China, elle aussi liée à l'État chinois.

Les entreprises industrielles classées dans ce palmarès – General Electric, AT&T et Toyota – ont également assuré leur développement soit grâce à des activités de réseaux, souvent monopolistiques, soit grâce à des commandes publiques importantes.

Dans le cas de Microsoft, dépassé en 2010 par Apple, le jugement peut être nuancé, car l'une et l'autre sont des entreprises développées par leur créateur, à partir d'initiatives privées. En revanche, compte tenu de la place que l'informatique occupe dans l'organisation économique et sociale, leurs métiers peuvent de plus en plus être assimilés à des activités de réseau.

Dans ce contexte, il est évident que même au niveau mondial, le développement capitaliste n'est pas majoritairement assuré par la prise de risque sur des marchés concurrentiels, mais plutôt par la capacité des entreprises à dégager des rentes et à obtenir des concessions ou des marchés publics. L'illusion selon laquelle l'économie privée croîtrait sans dépendre d'une intervention de l'État est donc totalement trompeuse. En réalité, les entreprises les plus puissantes du monde industrialisé doivent très majoritairement leur existence et leur richesse aux liens qu'elles entretiennent avec les États et avec les commandes publiques, soit comme délégataires du service (dans le cas des exploitations pétrolières par exemple), soit comme entreprises anciennement publiques et privatisées ces dernières années. Ceci ne signifie pas qu'elles devraient à nouveau être nationalisées ou qu'elles ne méritent pas d'exister en tant qu'entreprises privées. En revanche, il faut garder à l'esprit que leur statut privé n'est qu'une modalité de gestion d'un monopole public, qui consiste à permettre à des particuliers, leurs dirigeants, de dégager des profits en exploitant des activités dont l'essence peu ou prou est publique.

Dans de très nombreux cas, les grandes entreprises capitalistiques sont d'ailleurs des créations plus ou moins pures des États. En France, nous avons cité plus haut Total comme le meilleur exemple de l'entreprise privée née d'une suite de fusions entre entreprises publiques, puis d'une privatisation. Mais ce processus a aussi concerné l'ensemble du secteur bancaire français d'aujourd'hui. Les banques françaises dont la capitalisation boursière est la plus forte sont toutes d'anciennes compagnies nationalisées, ou ont toutes absorbé une compagnie nationalisée pour atteindre leur taille actuelle : BNP-Paribas, Société générale, Crédit agricole, Natixis, sont d'anciennes compagnies nationales. Cette même origine vaut pour les compagnies d'assurance : Axa ou CNP Assurances. Avec une grande pertinence, François-Xavier Dudouet et Éric Grémont racontent, dans *Les grands patrons en France, du capitalisme d'État à la financiarisation*[54], par quels processus la France a dénationalisé, à partir

54. Editions lignes de repères, Paris, avril 2010, 174 pages.

de 1986, les grandes entreprises publiques, dont les établissements financiers.

En fait, la France avant 1914 comptait un nombre considérable de banques privées financièrement solides. L'enchaînement de deux guerres mondiales les a profondément affaiblies, jusqu'à justifier la nationalisation du secteur financier en 1945. Les Trente Glorieuses furent l'occasion de reconstituer un secteur économique sinistré, à l'abri de la protection étatique. Une fois cette reconstitution achevée, la construction européenne a rendu inévitable le processus de privatisation. Les gouvernements des années 1980 ont alors mené la politique des « noyaux durs », qui consistaient à échanger, à croiser les participations financières entre grandes entreprises dénationalisées. Grâce à cette politique, les capitalisations boursières françaises sont aujourd'hui verrouillées par deux acteurs majeurs : la BNP et Axa.

On voit bien ici comment l'économie privée française s'est structurée autour des entreprises publiques privatisées. Il faudrait désormais faire l'histoire de cette époque pour comprendre comment cette structuration a répondu à une volonté politique de doter la France d'une puissante industrie nationale. L'erreur serait de croire que cette intervention paradoxale de l'État dans l'économie, par la constitution de grands groupes privés prospérant sur les dépouilles des entreprises publiques, soit réservée à la France.

Les États-Unis, à leur manière, ont connu un phénomène de ce type. L'abrogation de la loi Glass-Steagall en 1999 montre l'étroite imbrication entre le pouvoir américain et l'industrie bancaire. Cette célèbre loi votée en 1933 fut la grande conséquence tirée de la crise de 1929 par le président Roosevelt. Pour mémoire, la crise de 1929, qui ressemble beaucoup à celle de 2008, s'est accompagnée d'une crise bancaire qui a frappé les petits épargnants de plein fouet. Afin d'éviter un renouvellement des paniques où les clients des banques retirent brutalement leurs avoirs lorsqu'ils pensent leur banque en difficulté, achevant ainsi la décomposition de ladite banque, le gouvernement américain décida de compartimenter l'activité bancaire de détail et l'activité spéculative concentrée dans les banques d'investissement. L'incompatibilité du détail et de l'investissement fut l'objet même de la loi Glass-Steagall, qui a permis, jusque dans les années 1970, de préserver le système bancaire américain de faillites majeures. Dans la doctrine de la dérégulation qui a prévalu à partir de l'élection de Ronald Reagan à la présidence, cette loi est apparue de plus en plus inadaptée. Aussi, en 1998, lorsque la banque Citicorp a voulu acheter le groupe d'assurances Travelers, pour constituer un géant mondial des services financiers, les autorités américaines ont décidé d'adapter la législation nationale en remettant en cause une mesure prudentielle adoptée soixante-cinq ans auparavant. Grâce à cet arbitrage politique, un monstre comptant 200 millions de clients dans une centaine de pays vit le jour.

L'irrationalité de cette course au gigantisme financier s'est révélée à l'occasion de la crise de 2008, puisque, dix ans après la création de Citigroup, l'État fédéral américain a dû prendre des participations à hauteur de 27 milliards de dollars et garantir 300 milliards de dollars d'actifs de la banque pour la sauver de la faillite. Ce sauvetage par l'État montre bien le lien osmotique qui existe entre les géants financiers et les pouvoirs publics.

Dans le cas des banques, ce lien s'explique très largement par la nature même des activités déployées par ces entreprises. Les banques, par leur activité de crédit, participent en effet à la création monétaire, qui est théoriquement une prérogative régalienne. Cette fonction est souvent très méconnue du grand public, qui s'imagine que les banques prêtent à leurs clients des sommes équivalentes aux dépôts bancaires dont elles disposent. En réalité, la particularité du métier bancaire consiste à prêter de l'argent dans des proportions bien supérieures aux dépôts et aux fonds propres. En ce sens, les banques participent à la création monétaire au même titre que les États qui en ont officiellement le monopole. C'est précisément cette fonction de création monétaire qui a pris des proportions telles, et tellement anarchiques, qu'une crise systémique est survenue en 2008.

À titre d'illustration, la masse monétaire, c'est-à-dire l'ensemble des billets et de l'argent placé à vue ou à court terme dans les banques a augmenté de plus de 60% dans la zone euro, entre 2002 et 2008, alors que le PIB progressait quatre fois moins vite. Les experts le notent : « En 1988, la base monétaire représentait un peu plus de 8% du PIB mondial en valeur. Vingt ans plus tard, au début de 2008, elle tutoyait les 19% de PIB (...)[55]. »

La création monétaire par les banques est en principe encadrée par des règles internationales édictées par un comité d'experts, dit comité de Bâle. Ce comité émet un certain nombre de recommandations que les États et les banques doivent en principe respecter. Dans le cas des pays européens, ces règles sont transposées dans des directives communautaires qui font l'objet d'âpres négociations entre États membres et groupes de pression. Au moment où survient la crise, c'est la directive Bâle II, datant de 2006, qui fixe les règles du jeu bancaire.

Elle avait succédé à la directive Bâle I, qui datait de 1989. Celle-ci avait instauré une règle simple : les banques avaient une obligation de fonds propres de 8% par rapport à leurs

55. Patrick Artus, Marie-Paule Virard, *La liquidité incontrôlable*, Pearson, 2010, pp. 5-7.

engagements de crédit. Cela signifiait donc qu'une banque ne pouvait prêter 100 euros qu'à condition de détenir en propre 8 euros. Une autre façon de présenter cette norme appelée ratio Cooke est de dire qu'une banque dotée de fonds propres de 8 euros avait la faculté d'émettre 100 euros de monnaie scripturale.

Toute la communauté financière connaissait les limites de ce ratio, qui permettait aux banques de prêter des sommes colossales, et donc de se mettre en risque, sans avoir forcément les moyens de faire face à leurs engagements, surtout en cas de défaut des emprunteurs. Conscients de l'insuffisance prudentielle de cette norme, les professionnels de la finance ont donc souhaité l'amender en 2006, avec la norme Bâle II, en imposant le ratio McDonough, qui intégrait le risque de défaut de l'emprunteur dans l'exigence de fonds propres. Cette modification obligeait les banques à disposer de fonds propres plus importants en cas de prêts à des emprunteurs risqués. Concrètement, dès 2006, il n'était plus possible pour les banques internationales, dont les banques européennes et américaines, de traiter des emprunteurs risqués de la même façon que des emprunteurs fiables, c'est-à-dire sans augmenter leurs fonds propres dans des proportions plus importantes.

Ces mesures sages prouvent bien que de longue date les experts financiers subodoraient les risques excessifs pris par les banques dans une fonction qui relève théoriquement des États. L'astuce est que, par le mécanisme de titrisation, les banques ont contourné les règles prudentielles définies par le comité de Bâle.

Pour comprendre cette mécanique infernale, la lecture la plus abordable est une publication de la Banque de France : *Documents et débats de janvier 2010* (n°3), qui décrit précisément « les mécanismes financiers à l'origine de la crise ».

En deux pages très simples, les banquiers de France expliquent par quelle construction perverse les banques privées ont abusivement distribué une monnaie de singe qui a fini par produire un déséquilibre général. « La désintermédiation, la déréglementation, la libéralisation financière et la titrisation sont probablement les évolutions les plus marquantes observées sur les marchés de capitaux au cours de la dernière décennie[56] », commente le document de la Banque, avec une clarté confondante. Concrètement, le droit d'accorder du crédit a été largement diffusé, bien au-delà des banques traditionnellement dédiées à cette activité (et encadrées par des autorités prudentielles). Cette ouverture des portes financières à des acteurs nouveaux, parfois douteux, a entraîné l'ensemble du secteur financier dans une concurrence effrénée, nourrie par la politique de bas taux d'intérêt menée par les banques centrales mondiales. Grâce à celles-ci, des financiers ont pu accorder des crédits à des emprunteurs de moins en moins sûrs. Dans cet univers où l'argent a grisé les esprits, une innovation technique majeure a vu le jour : la titrisation.

Cette opération à peu près inconnue du grand public est apparue au grand jour à l'occasion de la crise des subprimes aux États-Unis. Tous ces termes barbares recouvrent en réalité des pratiques assez simples. Pour ce qui concerne les subprimes, il s'agissait, pour des courtiers payés au contrat, d'accorder des prêts hypothécaires à des ménages peu solvables, couramment appelés emprunteurs à risque. Cette activité a littéralement explosé entre 2000 et 2007 aux États-Unis, de telle sorte que 20% des emprunteurs américains en 2006 étaient jugés peu solvables. Il était évident pour tout le monde que cette situation était extrê-

56. op. cit., p. 9.

mement dangereuse pour l'ensemble de l'économie. Dans quelques décennies, des historiens ironiseront sans doute sur l'aveuglement absolu des experts apôtres de la rationalité économique quant à cette pratique qui a débouché sur une crise majeure.

À leur décharge, l'invention de la titrisation a contribué à dissimuler grandement l'étendue des risques pris. Dans le document cité plus haut, la Banque de France explique la titrisation de la façon suivante : « un nouveau modèle de transfert des risques, par lequel les banques, après avoir accordé des prêts, cèdent le risque de crédit sous-jacent à un ensemble d'investisseurs par le biais d'instruments dédiés. Auparavant, les établissements bancaires étaient les principaux initiateurs des prêts. Ils les conservaient à leur bilan et les suivaient jusqu'à l'échéance. La titrisation leur a donné la possibilité de ne plus faire apparaître le risque de crédit à leur bilan mais de le transférer à d'autres investisseurs ». La technique est donc assez simple. Des courtiers partent à la recherche de clients, y compris à risque, pour leur vendre des crédits. La banque les accorde, mais comme elle les sait risqués, elle les sort de son bilan en créant des véhicules de titrisation appelés en anglais special purpose vehicules. Ces véhicules permettent de céder le crédit à des opérateurs de marché. Ceux-ci émettent des titres pour rembourser la banque du montant de créances cédées. Autrement dit, ils proposent aux marchés financiers de devenir propriétaires des titres de créance à la place de la banque émettrice, à charge pour ces nouveaux propriétaires de se faire rembourser les créances par les emprunteurs.

Ce système est devenu extrêmement dangereux parce qu'il s'est sophistiqué jusqu'à devenir totalement opaque, notamment avec l'invention du credit *tranching*, du CDO synthétique ou du *Credit Default Swap* (CDS), qui sont autant de techniques pour accroître les bénéfices sur les transactions avec la mise de départ la plus faible possible et qui fonctionnent comme des assurances pour protéger les créditeurs contre les risques de défaut de paiement. Lorsque la crise de 2007 a éclaté, le marché comptait alors 100 000 financements de ce type, dits structurés, tous notés par des agences[57]. Cette inflation de produits mystérieux qui ont tous agi comme des bombes à retardement (d'où l'expression produits toxiques) a bien consisté en une émission de monnaie par des banques privées, puisque ces véhicules de titrisation regroupaient des créances accordées par des banques à des gens qui n'avaient pas d'argent.

Dans ces montages financiers, les banques s'étaient engagées à assurer la liquidité des produits, c'est-à-dire qu'elles avaient l'obligation, en cas de défaillance des clients, de se porter au secours des investisseurs qui avaient acheté les prêts. Lorsque, aux États-Unis, ceux-ci ont commencé à faire défaut, les banques se sont trouvées en difficulté et la bulle spéculative créée par des années d'argent facile a explosé.

Autrement dit, pour contourner la règle de Bâle II, les banques ont trouvé une astuce pour prêter de l'argent à des emprunteurs à risque sans faire apparaître ces sommes dans leur bilan, donc sans augmenter leurs fonds propres. Fortes de cette trouvaille, les banques se sont lancées, dans la décennie 2000 dans une politique de crédit démentielle, qui a conduit à la catastrophe de septembre 2008. Bien entendu, aucun État n'a sanctionné ces manquements aux règles, et au contraire, tous les États se sont mobilisés pour sauver leurs banques.

Deux raisons majeures expliquent l'empressement des pouvoirs publics à voler au secours de financiers coupables

---

57. Artus, Betbèze et alii, *De la crise des subprimes à la crise mondiale*, La documentation française, p. 31

d'avoir joué avec le feu. Ces deux raisons sont au cœur même de la subordination des démocraties aux élites financières.

D'abord, il faut avoir clairement à l'esprit le lien presque familial entre les élites politiques et les élites financières. Dans une très large mesure, les grandes entreprises qui dominent les marchés et qui bénéficient de la bienveillance publique sont nées de la volonté exprimée dans les années 1970 par une *nomenklatura* capitaliste. Cette *nomenklatura* a décidé de privatiser des entreprises publiques, en conformité avec l'idéologie du marché, et elle a tiré profit de ces privatisations en captant la conduite des entreprises qu'elle privatisait.

Dans le cas de la France, ce phénomène est évident. Ce sont des hauts fonctionnaires qui ont dessiné les contours de la grande industrie française, et ce sont eux, par un mécanisme décrit au chapitre suivant, qui ont imaginé l'industrie financière française d'aujourd'hui, avec un vrai talent d'ailleurs. Ils ont privatisé les entreprises publiques qu'ils avaient créées et en ont ensuite pris la direction.

Ce lien entre aristocratie publique et aristocratie privée fait l'objet d'études intéressantes. Par exemple, dans leur ouvrage déjà cité consacré au capitalisme d'État, Dudouet et Grémont analysent l'évolution des dirigeants d'entreprise depuis une trentaine d'années. Ils citent l'étude menée par Bauer et Bertin-Mourot en 1997 sur les 40 premières capitalisations boursières en France. Celle-ci indique qu'en 1981, 43% des dirigeants de ces entreprises appartenaient à la famille propriétaire, et 37% étaient d'anciens fonctionnaires. Cette proportion s'était inversée en 1997 : 20% seulement des dirigeants d'entreprises étaient des héritiers,

58. op. cit., p. 49.

et 55% d'anciens fonctionnaires. Le solde, relativement stable, était constitué de salariés qui avaient fait carrière dans l'entreprise. Les deux auteurs ont complété cette étude par une analyse du management des entreprises constituant le CAC 40 entre 2002 et 2008. Leurs résultats montrent que, pendant cette période, le poids des héritiers a oscillé entre 15 et 23%, alors que celui des anciens fonctionnaires a oscillé entre 40 et 49%. Ces chiffres ont le mérite de montrer que la vague de privatisations que la France a connue à partir des années 1980 a permis à une noblesse d'État d'accaparer la direction des grandes entreprises. Ce phénomène n'est guère surprenant : ceux qui dirigeaient les entreprises nationalisées ont continué à les diriger après leur privatisation. Le changement de capital n'a pas entraîné un changement des hommes. De cette façon, s'est constitué un groupe d'intérêts où la conduite des entreprises reste étroitement liée aux pouvoirs publics, avec une nuance forte : ceux qui, la veille, prenaient leurs instructions à la direction du Trésor, sont devenus des magnats industriels capables d'infléchir les politiques publiques.

Dans cet univers finalement proche de celui de la Russie actuelle, où les élites publiques d'hier sont devenues les élites privées d'aujourd'hui, le secteur financier présente une forte originalité, puisqu'il concentre l'influence de l'Inspection générale des finances, corps d'élite du ministère des Finances, qui ne recrute que les premiers à la sortie de l'École nationale d'administration. Avec Michel Pébereau à la tête de la BNP, Daniel Bouton à la Société générale, et Henri de Castries à la tête d'Axa, l'Inspection a monopolisé les grands leviers d'action du capitalisme français. Nous sommes ici au cœur du phénomène aristocratique.

Au demeurant, ce phénomène n'est pas propre à la France. Les États-Unis connaissent eux aussi une étroite symbiose entre les dirigeants des grandes banques et la décision en matière de politique économique. L'audace française consiste plutôt à ne pas cacher cet appontement direct entre politiques publiques et intérêts privés.

Nous tenons là une des raisons pour lesquelles aucun banquier n'a endossé de sanction à l'occasion de la crise de 2008. Les liens entre banquiers et détenteurs du pouvoir sont si étroits, si congénitaux, qu'il est impossible que les uns sanctionnent les autres. En ce sens, il existe bien un phénomène aristocratique. Les membres d'un même ordre ne se jugent pas entre eux et ne s'appliquent pas les peines réservées aux communs des mortels.

Pire même, à l'issue de la crise, les banquiers ont plaidé pour une sorte de droit collectif à recommencer. L'affaire des *stress tests* de juillet 2010 l'a prouvé. Menés pour tester la capacité future de résistance des banques à une nouvelle crise financière, ils ont montré que gouvernements et banquiers étaient prêts à rétablir sans vergogne les conditions objectives d'une nouvelle crise financière. En effet, pour rassurer les marchés financiers et convaincre l'opinion que tout allait pour le mieux dans le meilleur des monde, les autorités chargées de contrôler les banques ont concocté un *stress test* sur mesure en évitant soigneusement les scénarios trop brutaux, mais terriblement réalistes, comme celui d'une crise des dettes souveraines. Grâce à cette indulgence, moins de dix banques européennes sur 91 participant aux tests étaient mises en difficulté.

Immédiatement, alors que l'ensemble de la communauté financière savait que ces résultats étaient en trompe-l'œil, les gouvernements ont demandé au comité de Bâle de ne pas durcir les normes prudentielles comme il en avait l'intention. L'Allemagne, si exigeante vis-à-vis du sérieux de ses partenaires européens, s'est placée aux avant-gardes de ce combat, afin de protéger son secteur bancaire très affaibli par la crise et très insuffisant en fonds propres. Sous cette pression, le comité a annoncé que l'entrée en vigueur du nouveau ratio de liquidités imposable aux banques était reportée à 2018, au lieu de la date initiale de 2012.

Nous avons là la démonstration, s'il en fallait une de plus, de la cécité complète de l'aristocratie face aux dangers qu'elle fait courir à l'ensemble de la société.

Car, en soi, l'appropriation du capital des grandes entreprises par une noblesse d'État ou par une aristocratie proche du pouvoir ne suffit pas à expliquer l'empressement des États à sauver les banques en cas de difficulté. Une autre raison bien plus embarrassante pour la démocratie justifie ces interventions financières systématiques : la théorie des *too big to fail*, « trop grandes pour faire faillite ».

Selon cette théorie, certaines entreprises, essentiellement des banques et des compagnies d'assurance, ne peuvent faire faillite sans entraîner dans leur chute la totalité du système financier. Par leur taille, en effet, elles occupent une place dans l'ensemble international telle que leur disparition déséquilibrerait le système capitaliste lui-même. C'est pour cette raison que l'on parle de risque systémique à leur propos : leur faillite met en cause la survie du système économique dans son entier.

L'existence des *too big to fail* constitue une véritable contradiction pour le système capitaliste, et un coin enfoncé dans l'idéologie du marché. En effet, le principe du capitalisme repose sur l'aléa moral. Autrement dit, lorsqu'un entrepreneur décide de créer une entreprise, ou de lancer un nouveau produit, il doit le faire de façon aveugle et sans aucun filet de sécurité pour que le système entier fonctionne. S'il sait par avance que, même en cas d'échec de son initiative, il n'encourra aucune sanction financière et que son entreprise continuera à prospérer, plus rien ne l'incite à mesurer le risque qu'il prend et à faire des choix rationnels. La logique du capitalisme consiste en permanence à sanctionner les offres qui ne sont pas adaptées à la demande.

Dans le cas des *too big to fail*, ce mécanisme ne marche plus. En effet, par leur taille, ces entreprises savent que, en cas de difficulté, les pouvoirs publics interviendront en leur faveur. Leur existence n'est donc presque jamais menacée. Pour cette raison, elles peuvent allégrement s'affranchir de toute précaution raisonnable dans leur stratégie commerciale.

Cette absence d'aléa moral explique la prise de risque débridée que se sont permises les banques durant les dix dernières années. Le phénomène des subprimes en est la parfaite illustration, puisqu'il a consisté à prêter de l'argent à des taux usuraires à des emprunteurs dont tout portait à croire qu'ils ne pourraient rembourser. Et, de fait, lorsque ces emprunteurs ont commencé à faire défaut, le gouvernement américain a sauvé le système au prix d'une intervention très coûteuse pour le citoyen. Si Lehman Brothers a fait faillite, en revanche, Fannie Mae, Citigroup ou encore AIG ont été sauvés.

Le cas de Fannie Mae est intéressant. Créée en 1938 par le gouvernement, la *Federal National Mortgage Association* (FNMA) est une société par actions destinée à alimenter le marché des prêts hypothécaires. Elle fut à l'époque une garantie donnée par l'État fédéral pour les accédants à la propriété. Avec le temps, elle est devenue un acteur majeur du marché financier et immobilier américain, jusqu'à devenir *too big to fail*. C'est pour cette raison qu'en 2008, il a fallu la nationaliser. La crise des subprimes la mettait en danger. Elle s'était beaucoup trop exposée au risque.

Dans ce cas de figure, l'économie de marché fonctionne sur un principe d'une immoralité absolue. Lorsque les grandes entreprises sont en bonne situation financière, elles distribuent des dividendes à leurs actionnaires et gèrent seules leur politique de profit. En revanche, lorsqu'elles sont en situation difficile, souvent du fait même de l'extrême cupidité des actionnaires qui les saignent jusqu'à les faire disparaître, les citoyens doivent financer leur sauvetage, sous peine de subir eux-mêmes le contre-coup systémique des faillites. En ce sens, la constitution de *too big to fail* pose un problème de fond à nos démocraties. Selon quel principe peut-on accepter que des entreprises privées revendiquent farouchement leur autonomie de gestion, dégagent des profits extravagants, en développant des activités si risquées que très régulièrement l'intervention des assujettis à l'impôt soit indispensable pour les sauver ? Pour accepter cette idée, il faut avoir franchi un cap dans la conception du citoyen – le cap de l'assujettissement, où les citoyens sont des *taxpayers*, obligés de payer, mais privés du droit de contrôler l'utilisation de leur impôt.

Une autre façon d'exprimer cette réalité est de constater que l'économie de marché est un leurre. Elle ne peut exister sans l'intercession finale des pouvoirs publics, qui agissent en financeurs en dernier ressort. Si l'on se souvient que ce rôle de financeurs en dernier ressort est assuré avec les contributions des citoyens, l'économie de marché prend alors la forme d'une grande usurpation.

Au total, la constitution de ces géants financiers se situe bien au cœur de l'appropriation du pouvoir par l'aristocratie. Ces grandes banques ont la faculté de rivaliser avec les États dans leur fonction régalienne d'émission monétaire. Elles sont nées d'une connivence parfois consanguine avec les pouvoirs publics, qui leur accordent une forme d'impunité. Grâce à la présence en dernier ressort du financement par le contribuable, ou de la garantie qu'il offre, ces mastodontes financiers s'affranchissent de l'aléa moral propre à l'économie de marché, et se comportent comme des goinfres institutionnels : crédits à tout-va, techniques de contournement des règles prudentielles, prises de risque déraisonnables.

Parce que ces entreprises jouent un rôle systémique, une reprise de leur contrôle par le financeur en dernier ressort apparaît inévitable. C'est une question de stabilité des économies mondiales. Cette mesure de salubrité peut s'opérer de deux façons possibles, qui ne s'excluent pas l'une l'autre. Premièrement, il est indispensable que les citoyens disposent d'une véritable maîtrise de la gouvernance bancaire. Deuxièmement, les États devraient prohiber les entreprises financières de trop grande taille et prémunir ainsi l'économie mondiale contre une mise en danger inconsidérée.

CHAPITRE IV
L'ÉTAT COMME INSTRUMENT DE DOMINATION

La première fois où je pénétrai le MEDEF, je fus reçu par Denier Gautier-Sauvagnac. Il présidait encore la commission des relations du travail, qui est comme le cœur du réacteur nucléaire patronal, là où les grandes décisions sont déclinées. C'était en octobre 2007, c'est-à-dire quelques jours à peine avant le début de la fameuse affaire UIMM. L'homme était très affable. Je me souviens être arrivé en retard à la réunion. Je me fis le plus discret possible. Il était en train de parler, mais il s'interrompit et me demanda qui j'étais. J'ai bredouillé une brève présentation, et avec un style Grand Siècle, il me souhaita la bienvenue, en ajoutant quelque chose comme : « C'est comme ça, ici. Nous ne sommes pas grand-chose, mais nous essayons de comprendre ce qui arrive à l'économie de ce pays en échangeant des informations précises. » Le bonhomme Sauvagnac était impressionnant. Il connaissait les textes, les dispositifs, la machine elle-même, par cœur. Face à lui, les permanents du MEDEF n'en menaient pas large. En réalité, le MEDEF était un prête-nom de l'UIMM.

Très vite, j'identifiai dans ce monde étrange, un code implicite que je mis longtemps à déchiffrer : la critique de l'État et des fonctionnaires. Elle est un passage obligé de toute réunion au MEDEF. Pour y être reconnu, il faut sacrifier à la litanie de l'État incapable, des fonctionnaires fainéants et incompétents, des impôts toujours trop élevés, et de cette manie française de mettre l'administration partout. Au début, j'ai trouvé cet usage agaçant. Peu à peu, je m'y suis fait, sans pratiquer moi-même, mais en apprenant à ne pas entendre ce qui ne me touchait pas.

J'ai fait un pas dans la compréhension de ce rite lorsque le MEDEF a annoncé l'ouverture d'une négociation sur le paritarisme, dans la foulée de la position commune d'avril 2008 sur la représentativité syndicale. Assez naïvement, j'ai proposé que la négociation vise à transposer le dispositif allemand de neutralité de l'État dans les négociations entre partenaires sociaux. Cette proposition n'était pas sans fondement. La négociation de la position commune sur la représentativité avait fait l'objet d'interventions répétées de l'Élysée pour inclure un dispositif anti-35heures. Les organisations syndicales le savaient. Cet interventionnisme sarkozyen avait agacé tout le monde. De façon assez logique, je suggérai donc d'adapter à la France la loi allemande de 1949 sur la neutralité de l'État dans les relations sociales, notamment l'interdiction de recourir à l'arbitrage de l'État en cas de désaccord entre partenaires.

Je ne reçus même pas un succès d'estime. L'idée d'écarter les pouvoirs publics semblait saugrenue à beaucoup de gens, comme un horizon tout bonnement impossible à atteindre. Je compris alors l'ambiguïté étrange des relations entre le monde patronal, et au-delà entre l'économie de marché et le pouvoir. En réalité, l'État est une béquille indispensable au monde patronal.

À y regarder de plus près, j'établis les correspondances

qui s'imposaient. Car au discours hostile à la fonction publique qui prévaut au MEDEF correspond bien un lien congénital entre le patronat français et l'État. Denis Gautier-Sauvagnac, par exemple, était inspecteur général des Finances avant de glisser dans la représentation des industriels. Son successeur à l'UIMM, Frédéric Saint-Geours, est aussi un ancien du ministère des Finances. D'ailleurs, les trois principaux contributeurs du MEDEF – l'UIMM, la Fédération bancaire et la Fédération des sociétés d'assurances – sont présidées ou dirigées par des fonctionnaires ou d'anciens fonctionnaires. À l'époque, le directeur général du MEDEF, Jacques Creyssel, était également un ancien du ministère des Finances. Et parmi les fédérations patronales qui envoient des experts œuvrer au MEDEF, de nombreux permanents ont un parcours dans la fonction publique.

En réalité, les liens entre l'État et la sphère économique sont étroits, et le discours hostile à la fonction publique est souvent le fait de fonctionnaires qui cherchent à éclipser leurs origines professionnelles. Mais, au-delà de ces simples significations individuelles et anecdotiques, le rejet de l'État chez les fonctionnaires transfuges dissimulent une autre vérité : l'affirmation pure et dure de la subordination nécessaire de l'État aux intérêts privés. L'État en France n'est accepté que dans la mesure où il est à la disposition des intérêts particuliers les plus puissants.

Cette prise de conscience m'a rendu suspect le discours assez répandu dans les milieux sociaux-démocrates, favorables à un renforcement de l'État pour tempérer les égarements de l'économie privée. Dans cette logique, l'État apparaît comme le garant de l'intérêt général, source de redistribution des richesses et facteur de croissance. Le discours social-démocrate aime à répéter les bienfaits de l'intervention publique, qui permettrait de revenir à la situation qui a prévalu entre 1945 et 1980, avec une administration puissante chargée de planifier le développement économique, étroitement liée aux puissances industrielles.

Cette nostalgie est facile à nourrir puisqu'elle s'appuie sur la concomitance entre l'âge d'or de l'État interventionniste, qualifié d'État-Providence, et les Trente Glorieuses où le niveau de vie a considérablement augmenté. De façon presque magique, le retour en arrière pourrait donc nous garantir une croissance forte et partagée entre tous.

À l'appui de cette thèse, la fonction redistributive de l'État joue un rôle essentiel. Par redistribution, il faut entendre le prélèvement d'une partie des revenus des plus riches et leur réallocation aux bénéficiaires des revenus les plus modestes. Cette fonction est traditionnellement assumée par l'impôt et par les politiques sociales. Le portrait social de la France 2008[59], publié par l'INSEE indique, par exemple : « Le système socio-fiscal assure un transfert monétaire des plus aisés vers les plus modestes[60] », qui permet d'augmenter de près de moitié les revenus des 20% les moins aisés de la population, en prélevant une somme correspondante sur les autres revenus. Lors de sa conférence de presse du 17 novembre 2009 sur les conséquences du rapport Stiglitz pour la statistique publique, le directeur général de l'Insee Jean-Philippe Cotis a présenté un graphique qui corrobore judicieusement ces éléments bien connus[61]. Il rappelle notamment que, avant redistribu-

59. consultable sur
http://www.insee.fr/fr/ffc/docs_ffc/ref/FPORSOC08h.PDF
60. op. cit., p. 73 du document original.
61. http://www.insee.fr/fr/publications-et-services/dossiers_web/stiglitz/Stiglitz_intervention_DG.pdf, p. 16.

tion, les 60% les plus modestes de la population perçoivent 34% des revenus. Après redistribution, ils en perçoivent 43%. Les 20% les plus riches perçoivent, avant redistribution 42% des revenus, et seulement 36% après redistribution. L'intervention de l'État permet donc schématiquement d'améliorer de près de dix points la situation des plus modestes, en ponctionnant une fraction des revenus les plus aisés.

Cette correction des inégalités de revenus repose sur deux éléments : l'impôt et la dépense d'intervention de l'État, qu'elle soit directe sous forme d'aide (comme les minima sociaux), ou indirecte (comme la dépense d'éducation).

Les défenseurs de l'État proposent donc de tempérer les méfaits du marché par des pratiques redistributives agrémentées d'éventuelles réglementations destinées à limiter les effets des crises. Cela suffirait, selon eux, à limiter les pouvoirs de la nouvelle aristocratie et à garantir des droits suffisants aux citoyens.

Cette vision d'une économie dite sociale de marché mérite un examen approfondi de sa compatibilité avec le projet républicain que nous portons. En premier lieu, un retour sur le sens de la redistribution s'impose.

Il n'est en effet pas spontanément évident que la redistribution constitue un objectif républicain. Le principe d'un prélèvement sur les revenus les plus aisés pour améliorer la condition des plus pauvres ne peut en effet s'entendre que s'il s'agit de corriger des injustices. Autrement dit, dans un monde idéal où chacun serait justement rémunéré pour le travail qu'il fournit, l'idée d'une redistribution n'a pas de sens. Rien ne justifie que le produit du travail de l'un soit attribué à quelqu'un qui n'a pas fourni le même effort, à moins, bien entendu, que cette différence d'effort ne soit imputable à une invalidité ou à une incapacité. Le concept de redistribution des revenus n'a donc de sens que dans un univers imparfait, où les revenus des personnes ne sont pas corrélés aux efforts qu'elles fournissent. Dans ce cas-là, la redistribution se justifie moralement par la nécessité de corriger en partie les imperfections d'un système où les revenus ne sont pas arithmétiquement liés au travail et à son produit. Cette correction peut être plus ou moins importante, selon la volonté politique qui anime les gouvernements en charge de la redistribution.

La fiscalité constitue l'outil privilégié de la redistribution. Schématiquement, les États où le taux de prélèvement obligatoire est faible sont assez peu redistributifs, alors que les États où ces prélèvements portent sur une fraction importante des revenus, comme en France, peuvent se targuer d'une volonté plus affirmée de redistribuer. Cette redistribution doit, en revanche, être examinée de près pour que son sens soit bien précisé. Ainsi, lorsque les prélèvements obligatoires captent efficacement les revenus selon la capacité contributive de chacun, ils remplissent pleinement leur fonction redistributive. Rien ne serait plus choquant, en effet, qu'un système de redistribution essentiellement financé par les plus pauvres, au bénéfice des plus riches. On parle, dans ce cas-là, de contre-redistribution. C'est pourquoi il est d'usage de distinguer entre les impôts directs, essentiellement sur le revenu, qui sont progressifs et donc justes, et les impôts indirects, qui sont assis sur la consommation et sont payés par tous au même montant, ce qui est éloigné de la redistribution.

En France, paradoxalement, l'essentiel des recettes fiscales destinées à assurer cette redistribution provient des impôts indirects, notamment de la taxe sur la valeur ajoutée, qui peut s'assimiler à une taxe sur la consommation. En 2010, la TVA apporte 171 milliards d'euros sur un total de recettes fiscales nettes de 252 milliards d'euros. Autrement dit, les deux tiers des recettes qui servent à financer la redistribution sont fournis par un impôt socialement très injuste, puisqu'il touche sans progressivité la totalité des consommateurs. Pire, il pénalise plus fortement ceux qui ont une faible capacité à épargner et qui consacrent l'essentiel de leurs revenus à leur subsistance. Dans leur cas, en effet, la part de la TVA qu'ils acquittent par rapport à leurs revenus totaux est beaucoup plus importante que pour les ménages aisés dont les revenus sont plus faiblement consacrés à la consommation, et beaucoup plus affectés à l'épargne. *A contrario,* l'impôt sur le revenu n'apporte que 54 milliards d'euros de recettes à l'État, soit 17% du total, alors qu'il est l'impôt le plus juste.

Ce poids de la fiscalité indirecte dans les recettes de l'État, qui tempère considérablement l'effet redistributif de l'impôt, est d'ailleurs une spécificité française parmi les pays industrialisés. En 2007, dans la zone OCDE, les recettes fiscales étaient réparties à 25% pour l'impôt sur le revenu, et à 30% pour les taxes sur la consommation, soit un rapport beaucoup plus raisonnable qu'en France. De ce point de vue, la France est donc l'un des pays industrialisés qui mène l'une des politiques fiscales les plus injustes socialement.

À ce phénomène s'ajoute la bizarrerie française concernant l'assiette de l'impôt sur le revenu. Comme tout le monde le sait, seule la moitié des contribuables acquitte un impôt sur le revenu, l'autre moitié étant jugée titulaire de revenus trop faibles pour être imposée. Cette mesure en trompe-l'œil est extrêmement choquante, puisque l'État, sous couvert d'exonérer les ménages les moins aisés d'une imposition trop forte, récupère son dû au moyen de la TVA qui, proportionnellement, se révèle beaucoup plus défavorable aux revenus les plus bas. De façon plus significative encore, la mise en place de dispositifs comme le bouclier fiscal contribue à préserver les intérêts des revenus les plus élevés et à concentrer l'essentiel de l'effort fiscal direct sur les revenus moyens.

Concrètement, l'État, en France, ne redistribue donc que très peu par l'impôt, car l'impôt français est injuste. Comme l'indique l'INSEE dans son portrait social 2008 : « Les prestations réduisent davantage les inégalités de niveau de vie que les prélèvements.[62] » Autrement dit, la redistribution en France s'opère beaucoup plus par des politiques sociales généreuses que par une politique fiscale équitable.

Ces quelques points techniques permettent de rappeler que la redistribution est un concept polysémique. En soi, la redistribution n'est pas un objectif républicain. Comprise telle qu'elle l'est en France, elle ne vise pas à rémunérer chacun en fonction de son apport à l'économie. Elle vise plutôt à donner aux ménages les plus modestes un niveau de vie juste suffisant pour ne pas mettre en danger l'ordre social, tout en leur donnant le sentiment qu'ils bénéficient d'un système de solidarité favorable.

La question des dépenses d'éducation illustre clairement ce point. Ainsi, lorsque l'INSEE affirme que les revenus les plus modestes augmentent fortement leurs ressources grâce à la redistribution, cette estimation intègre

62. op. cit., p. 83.

l'accès gratuit à l'éducation rendu possible par l'action de l'État. L'INSEE mesure alors le bénéfice que les familles retirent de l'école publique, en comparaison de ce qu'elles devraient acquitter en cas de facturation au coût réel du service offert. Cette technique est extrêmement habile, parce qu'elle permet de gonfler la part de la redistribution dans les revenus, mais aussi parce qu'elle valide de façon implicite la théorie selon laquelle l'État offre le même service à tous les citoyens, qu'ils soient pauvres ou riches. Intuitivement, cette pratique statistique nous conduit spontanément à l'idée que l'État, par sa politique éducative, donne la même chance à tous, qu'il redistribue les revenus et les cartes.

À l'analyse, ce procédé statistique relève évidemment de la farce, et montre bien comment, par des détails techniques à peine visibles, l'opinion peut être manipulée pour admettre le contraire de la réalité.

Sur le simple plan comptable, par exemple, la répartition des moyens dont l'Éducation nationale bénéficie se fait sur des principes d'inégalité profonde. Selon les régions, des variations de 30% dans les moyens par élève peuvent modifier en profondeur les conditions de délivrance du service éducatif[63]. Les régions les plus urbanisées : l'Île-de-France, Rhône-Alpes, Provence-Alpes-Côte-d'Azur, le Nord-Pas-de-Calais, reçoivent toutes des ressources inférieures à la moyenne nationale, alors que les régions rurales – Corse, Limousin, Auvergne, Midi-Pyrénées, Franche-Comté – sont mieux dotées que la moyenne nationale. Le ministère de l'Éducation nationale explique

63. Ces chiffres sont consultables sur http://media.education.gouv.fr/file/07/3/3073.pdf. Ils sont issus de la Géographie de l'Ecole, publiée par le Ministère de l'Education Nationale.

cette originalité de la façon suivante : « Les régions à prédominance rurale (Limousin, Auvergne, Midi-Pyrénées) ont des établissements plus petits et de meilleurs taux d'encadrement, qui expliquent le coût plus élevé de leurs élèves. Mais les disparités de coûts peuvent aussi tenir à la structure, variable, du personnel dont la rémunération représente 95% du budget du MEN : on compte plus de personnels jeunes et non titulaires dans le Nord que dans le Midi de la France[64]. » Clairement, le service rendu par l'État dans les zones rurales est mieux doté que dans les villes. Ce point ne manque pas de surprendre, quand on sait que les principales problématiques sociales contemporaines sont celles des banlieues. L'explication officielle sur ces inégalités territoriales souligne d'ailleurs l'acuité du sujet : les enseignants les plus chevronnés se concentrent dans les lycées qui connaissent le moins de difficultés, alors que les élèves les plus difficiles ont face à eux de jeunes enseignants peu aguerris, voire totalement débutants.

Nous touchons un point majeur de l'économie sociale de marché. La redistribution par l'intervention de l'État constitue en vérité un leurre puissant. Sous couvert d'une action impartiale qui garantirait aux populations défavorisées une correction des inégalités, la mise en œuvre du service public peut en réalité aboutir à l'effet exactement inverse. Dans le cas de l'école, il est manifeste que les moyens dont l'État dispose sont répartis de façon contre-redistributive : ceux qui souffrent le plus des inégalités, notamment géographiques, sont ceux qui reçoivent proportionnellement le moins de moyens, alors que les mieux protégés font l'objet d'une redistribution favorable qui amplifie l'avantage initial dont ils disposent.

64. op. cit., p. 40.

C'est pourquoi, de façon non comptable, le rôle de l'État dans l'accroissement des inégalités, en particulier par l'école, est une réalité forte, même si elle est cachée le plus possible à l'opinion. L'éducation joue un rôle d'accélérateur des inégalités. La Cour des comptes, dans son rapport public thématique *L'Éducation nationale face à l'objectif de la réussite de tous les élèves*, publié en mai 2010, a largement pointé ce phénomène : « 18% des élèves issus d'un milieu social défavorisé obtiennent un baccalauréat général contre 78% pour les élèves de familles favorisées[65]. » Autrement dit, loin de corriger les inégalités, l'école donne quatre fois plus de chances aux héritiers de réussir qu'aux sans-culottes.

Dans ces conditions, l'artifice technique par lequel l'INSEE gonfle les effets de la redistribution par l'État en comptabilisant la dépense éducative comme une ponction sur les revenus élevés en faveur des plus pauvres, apparaît comme une provocation.

Dans le cas de l'école, il est difficile de ne pas admettre que le processus par lequel des inégalités sociales sont légitimées par des diplômes ne participe pas d'une stratégie globale où l'action de l'État sert à rendre acceptables les différences fortes de situations. Dès lors qu'un enfant de cadre dirigeant devient lui-même cadre dirigeant, non pas au titre de l'hérédité, mais au titre d'une compétence reconnue par un diplôme, les salariés qui lui sont subordonnés peuvent difficilement remettre en cause la légitimité de son autorité. Dans cette mesure, l'école constitue un rouage majeur par lequel nos consciences sont préparées à admettre l'ordre aristocratique et à le reconnaître comme indépassable.

65. Cour des Comptes, *L'éducation nationale face à l'objectif de la réussite de tous les élèves*, p. 2.

L'intervention du service public éducatif apparaît ici comme une patiente opération de « distillation ségrégative » pour reprendre cette expression lancée par la direction des études du ministère de l'Éducation, citée par le rapport de la Cour des comptes : « La distillation ségrégative est continue depuis la scolarité élémentaire jusqu'à l'accès à un baccalauréat général avec mention : les milieux familiaux influencent la qualité des parcours dans l'enseignement primaire et secondaire, mais aussi les choix d'orientation aux différentes étapes de la scolarité (...)[66] ». Faute d'aider les élèves issus des milieux défavorisés à bénéficier de la même information que les héritiers, l'école valide une sélection sociale à l'œuvre pendant tout le parcours scolaire de l'enfant.

La confiance que nous accordons à l'État comme acteur impartial et juste dans la répartition des moyens joue ici un rôle extrêmement pervers. Faute d'une analyse précise et d'une transparence minimale de la part des services de l'État sur ces sujets, l'opinion publique peut assez facilement se laisser circonvenir par sa conviction intime que l'intervention de l'État joue en sa faveur et qu'elle donne à chacun une chance objective d'améliorer sa condition. Dans cette croyance naïve, l'échec scolaire est assez rapidement interprété comme la sanction scientifique d'une inégalité d'intelligence. L'ordre social est alors légitimé : les riches sont riches parce que plus intelligents, et les pauvres sont pauvres parce que moins doués.

Pour quelle raison les services de l'État se rendent-ils complices de cette contre-redistribution des moyens, alors qu'ils sont majoritairement composés de fonctionnaires attachés à l'esprit public et à l'intérêt général ?

La question appelle une réponse en deux temps.

66. op. cit., p. 29.

Premièrement, la répartition des moyens publics est contrôlée par des parlementaires qui sont les premiers bénéficiaires de ces injustices. Deuxièmement, l'État est un acteur identique aux autres : il ne bénéficie pas d'une rationalité supérieure à celle d'une institution privée.

Dans le cas de la France, l'organisation du régime telle que l'a dessinée la Ve République est fondée sur des inégalités principielles qui expliquent très largement pour quelle raison l'utilisation des moyens publics est injuste. Au premier rang de ces inégalités, il faut citer le poids démesuré qu'occupe le Sénat, la chambre haute française, dans l'adoption des lois républicaines.

Par la Constitution, le Sénat « assure la représentation des collectivités territoriales de la République »[67]. Il y aurait beaucoup à dire sur les liens que l'Assemblée nationale entretient elle aussi avec ces mêmes collectivités, dès lors que la majorité des députés y détient également des mandats. Toujours est-il que notre loi fondamentale fait reposer sur le seul Sénat la charge de représenter les territoires. Cette disposition est essentielle dans l'économie générale du texte, car elle introduit un contrepoids extrêmement puissant à toute tentative de prise de pouvoir par l'Assemblée nationale. La Constitution prévoit notamment que toute loi doit être adoptée dans des termes identiques par l'Assemblée nationale et le Sénat. En cas de désaccord entre les deux assemblées, les astuces constitutionnelles donnent certes le dernier mot aux députés, mais à condition qu'ils votent sur un texte qui comporte peu ou prou les amendements adoptés par les sénateurs. Dans ce dispositif, l'intervention du Sénat est incontournable dans le processus législatif.

67. Constitution de la Ve République, article 24.

Or, le Sénat est une assemblée très éloignée des principes démocratiques courants, notamment de l'égalité entre citoyens. D'abord, constitutionnellement, les sénateurs sont élus au suffrage indirect, selon une procédure complexe qui repose notamment sur l'intercession de grands électeurs, tous élus locaux. Cette mécanique, dont l'opacité suffit à la discréditer au regard des règles républicaines, ancre le Sénat dans un jeu d'affiliations et de connivences entre les collectivités locales et l'édiction de la loi. 80% de ces grands électeurs sont élus dans des communes de moins de 20 000 habitants. Le tiers de la population française qui vit dans des communes de plus de 30 000 habitants ne dispose que de 15% des voix à ces élections. Autrement dit, les élections au Sénat sont organisées selon une étrange arithmétique où l'habitant d'une ville dispose d'une voix, quand l'habitant d'un hameau en dispose de deux. Pourtant, l'article 3 de la constitution précise que le suffrage « est toujours universel, égal et secret ».

Cette inégalité face à l'élection, en rupture complète avec le principe démocratique simple d'égalité devant le suffrage, s'accompagne d'un découpage électoral qui favorise systématiquement les zones rurales et bride les zones urbaines. Sachant qu'en 2010 le Sénat compte 343 sénateurs pour 65 millions de Français, la norme est d'environ 1 sénateur pour 190 000 habitants. Si cette norme est à peu près respectée à Paris, qui compte 12 sénateurs pour 2,2 millions d'habitants, elle est en revanche allégrement transgressée dans les métropoles régionales. Les Bouches-du-Rhône, par exemple, ne comptent que 8 sénateurs pour 2 millions d'habitants, soit un élu pour 250 000 habitants. Pour une population de 1,7 million d'habitants, le Rhône compte 7 sénateurs, soit un élu pour 240 000 habitants. Mais les citoyens les plus mal lotis sont incontestablement les habitants de Seine-Saint-Denis, qui ne comptent que 6 députés pour 1,5 million d'habitants, soit très exactement (c'est-à-dire avec les arrondis) un sénateur pour 252 000 habitants. Face à eux, les habitants de la Lozère comptent un sénateur pour 80 000 habitants, ceux du Lot un sénateur pour 88 000 habitants, ceux du Gers un sénateur pour 95 000 habitants. Mathématiquement, un habitant de la Lozère dispose d'une représentation nationale trois fois plus favorable que celle d'un habitant de la banlieue nord parisienne. Globalement, les départements ruraux disposent d'une représentation au Sénat beaucoup plus favorable que la norme nationale, alors que les départements urbains sont systématiquement moins bien représentés.

Pour reprendre l'analyse sur les moyens de l'Éducation nationale, la norme de représentation sénatoriale est là aussi riche d'enseignements. Les 4 régions qui bénéficient de dotations financières plus favorables que la moyenne de l'Éducation nationale (Limousin, Auvergne, Franche-Comté, Corse), disposent ensemble de 38 sénateurs, soit un élu pour 95 000 habitants. Elles rassemblent une population identique à celle des Bouches-du-Rhône et du Rhône réunis, qui ne comptent pourtant à eux deux que 15 sénateurs. Dans ces conditions, comment s'étonner que les moyens de l'État soient répartis de façon plus favorable dans les zones les mieux représentées au niveau national ? Cela ne signifie pas que les sénateurs ordonnent personnellement une utilisation abusive des moyens de l'État. Cela signifie simplement que lorsqu'un recteur souhaite fermer un collège rural avec trop d'enseignants pour trop peu d'élèves, il trouve face à lui un sénateur prêt à mobiliser un réseau d'élus locaux pour bloquer cette fermeture. Le recteur pourra, tant qu'il le souhaitera arguer de la nécessité de fermer des classes surencadrées dans des zones sans problème, pour dégager quelques postes qui combleront à peine les sous-effectifs des collèges et des lycées difficiles, il se heurtera à une fronde des élus largement relayée et même amplifiée par les syndicats enseignants. De même, lorsqu'un trésorier-payeur général envisage de fermer une perception manifestement sous-employée dans un village reculé, le sénateur local joue de toute son influence pour empêcher cette fermeture et préserver ainsi les services de proximité dont ses électeurs sont friands.

Il serait toutefois injuste de résumer la contre-redistribution des moyens publics à une affaire de surreprésentation du monde rural dans nos institutions. D'autres biais à la démocratie jouent, par le fait même de notre Constitution, pour expliquer que l'État n'est plus un espace où s'exprime l'intérêt général, et qu'il est devenu un enjeu d'intérêts particuliers et de favoritisme envers certains territoires ou certaines fractions du peuple. L'article 4 de la Constitution indique par exemple que les « partis et groupements politiques concourent à l'expression du suffrage ». Si le même article ajoute astucieusement que les partis « doivent respecter les principes de la souveraineté nationale et de la démocratie », la Constitution reste toutefois très laconique sur l'application concrète de ces dispositions.

Il est de notoriété publique que ce maillon premier dans l'expression de la liberté d'opinion qu'est le parti politique ressemble à tout sauf à un espace de démocratie. Les exemples, de droite comme de gauche, sont légion. L'élection de Martine Aubry au secrétariat du Parti socialiste, en novembre 2008, en a donné une retentissante illustration. À la base, le principe d'un vote des militants en faveur du chef de parti est évidemment conforme à l'esprit démocratique. En revanche, l'organisation d'un scrutin dans des conditions d'opacité telles qu'une moitié du parti envisage de traîner l'autre moitié en justice pour tricheries et autres manquements aux règles permet de mesurer l'écart entre la vie de ce parti et le fonctionnement républicain. En l'espèce, aucune fraction à l'œuvre n'était exempte de soupçon, tant sur la constitution des listes électorales que sur le déroulement du scrutin lui-même. Si l'on se souvient que l'investiture à la tête d'un parti est souvent une étape préalable à une candidature à l'élection présidentielle, l'enjeu mérite sans doute que la loi prenne des dispositions un peu plus contraignantes pour garantir transparence et régularité dans les fonctionnements internes de ces organisations.

Cette innovation législative ne serait d'ailleurs pas choquante dès lors que les partis politiques vivent largement de fonds publics. La loi du 11 mars 1988 modifiée en 1990, 1993 et 1995 prévoit en effet un financement des partis proportionnel à leurs résultats aux élections. Elle fut instituée pour moraliser la vie politique. Beaucoup de partis avaient recours à des pratiques clientélistes pour financer leurs activités et leurs campagnes électorales. Le principe d'une prise en charge des besoins des partis par la collectivité a rendu possible une forme d'autonomie de ces partis par rapport aux financeurs privés, souvent des entreprises qui se remboursaient ensuite de leurs contributions aux campagnes électorales en obtenant des marchés publics attribués par les candidats qui s'étaient fait élire grâce à ce soutien. En revanche, la loi est restée muette sur la vie interne des partis, silence compréhensible puisque les parlementaires sont généralement les principaux bénéficiaires et maîtres d'œuvre du verrouillage de leur propre organisation politique, mais silence dommageable pour la qualité de notre démocratie.

Les partis sont tout puissants dans l'investiture des candidats aux élections. Par cette remarque, il faut comprendre que l'appareil bureaucratique des partis est seul maître pour désigner ses représentants aux élections. Le poids des militants est très faible dans ce processus. Grâce à cette mécanique, des caciques se font régulièrement parachuter dans des circonscriptions réputées gagnables, même s'ils n'y ont jamais mis les pieds. Aucun parti n'échappe à cette règle. Une fois la circonscription gagnée, l'élu entame alors sa carrière en accumulant les mandats, et en se donnant la plus grande visibilité locale possible pour assurer sa réélection. Il s'agit d'une sorte de capital politique à faire fructifier tout au long d'une vie bien remplie. L'une des meilleures façons de briller sur le terrain, comme on dit, est de prouver que l'on a pu obtenir une prébende particulière au profit de sa circonscription. Là aussi, les exemples sont bien connus, et pléthoriques. À titre d'illustration, chacun se souvient que l'École nationale supérieure de la nature et du paysage fut installée à Blois, par un décret de 1993 signé du ministre de la Culture, Jack Lang, par ailleurs maire de la commune d'accueil et député élu dans le Loir-et-Cher. L'intéressé fut néanmoins battu aux élections municipales de 2001. Par précaution, il se fit alors parachuter dans le Pas-de-Calais pour garder un siège à l'Assemblée nationale élue en 2002. Tous les partis de gouvernement ont utilisé la même technique, même si certains l'ont fait avec plus de doigté ou de discrétion que

Jack Lang. En effet, l'intervention de l'élu peut se limiter à dévier le tracé d'une future route nationale, à obtenir un contournement d'agglomération, l'installation d'un bureau de poste, d'une antenne universitaire, ou la construction d'une gare TGV.

En soi, la désignation de représentants locaux pour défendre les intérêts d'un territoire auprès des grandes administrations parisiennes n'est pas choquant, même si la raison démocratique préconise plutôt de déconcentrer les décisions au bon niveau territorial pour éviter ces pratiques opaques. Ce qui semble peu compatible avec les principes démocratiques, en revanche, c'est la mise en place d'un professionnalisme politique où l'élection est une affaire qui s'organise et s'entretient, notamment par l'obtention de faveurs au détriment de l'intérêt général. Pour être élu dans la France de la cinquième république, il ne faut pas au premier chef représenter le peuple souverain. Il faut être coopté par un parti politique et ensuite se tailler un fief à la mode de l'ancien régime, avant de faire allégeance à un suzerain national.

En ce sens, la vie politique française a bien, mais comme dans de nombreux pays, opéré un glissement vers un mode aristocratique de fonctionnement. Les désignations, les investitures, sont contrôlées par une coterie qui fait la pluie et le beau temps au sein des partis. Le rôle principal de cette coterie est de s'assurer de la permanence de son pouvoir en écartant tout gêneur, en empêchant la carrière de quiconque pourrait modifier les règles du jeu.

Toutefois, dans l'hypothèse où la vie politique reviendrait à une expression spontanée de l'intérêt général sans être muselée par les partis, peut-on imaginer que l'État devienne un acteur impartial et rationnel de la vie collective ?

Différentes affaires, en France comme à l'étranger, ont montré que l'État est lui-même gangrené par des réflexes aristocratiques, et qu'il peut très bien se passer des interventions politiques pour produire grâce à ses propres forces une organisation totalement contraire à l'esprit républicain. L'affaire du Crédit lyonnais, en 1993, en a constitué un exemple frappant.

Sous le contrôle de l'État, puisque le Crédit lyonnais avait été nationalisé en 1982, la banque s'était lancée dans une politique ambitieuse de développement, tant dans le domaine bancaire que par des prises de participations diverses. Sous l'impulsion de ses présidents, et notamment de Jean-Yves Haberer, inspecteur général des finances, le Crédit lyonnais acquit diverses entreprises françaises et étrangères dont la plus connue était la Metro-Goldwyn-Mayer. En 1993, la stratégie risquée de la banque tourne à la catastrophe. Le marché se retourne et les pertes sont abyssales. Dans la mesure où une partie des archives a disparu dans un incendie du siège à l'origine douteuse, en 1996, il ne sera jamais possible de connaître complètement les mécanismes qui ont permis à une banque d'État de perdre 20 milliards d'euros par des placements ou des achats hasardeux.

Une commission d'enquête parlementaire a étudié de près cette affaire, et son rapport, remis le 5 juillet 1994, est d'un intérêt tout à fait particulier. Il énumère notamment les raisons pour lesquelles l'État actionnaire est moins efficace qu'un actionnaire privé. Dans le cas du Crédit lyonnais, l'État « n'avait apporté aucun fonds propre, mais seulement des titres d'entreprises publiques qui ont permis de respecter de façon comptable les ratios de solvabilité[68] ».

68. *Rapport de la Commission d'enquête sur le Crédit Lyonnais*, p. 108.

La participation de l'État ne s'est donc jamais traduite par un véritable apport financier. Surtout, l'adossement à l'État biaise l'aléa moral : « la qualité de l'actionnaire du Crédit lyonnais donne consciemment ou non à ses dirigeants un sentiment de sécurité quelque peu pervers qui tend à fausser l'appréciation du risque bancaire et à atténuer les prudences élémentaires qui s'imposent dans ce domaine ». En ce sens, la nationalisation produit un effet identique à la théorie du *too big to fail*. La certitude que les avoirs de la banque seront garantis en cas de problème pousse les dirigeants de l'entreprise à prendre des risques inconsidérés, sachant qu'ils en engrangeront les bénéfices, et qu'ils en mutualiseront les pertes. En ce sens, la nationalisation de la banque, loin d'imposer une prudence à son management, l'a poussé à l'imprudence.

La commission parlementaire s'est intéressée de façon détaillée au fonctionnement concret de l'État actionnaire, et en particulier à la façon dont la direction du Trésor a exercé sa tutelle sur la banque avant et pendant la crise qui l'a frappée. Les éléments rapportés par les parlementaires permettent de mesurer combien, pour reprendre le langage néo-classique, la rationalité de l'État est limitée. Dès 1989, la direction du Trésor, agissant en qualité d'actionnaire majoritaire, commence à éprouver de la défiance vis-à-vis des projets du président du Crédit lyonnais. Celui-ci envisage de prendre possession du groupe Pathé, par l'intermédiaire d'un homme d'affaires véreux appelé Parretti. Le Trésor fait alors le siège du bureau de Pierre Bérégovoy, ministre des Finances, pour qu'il bloque cet investissement. Celui-ci finit par se rallier à cette option, en juin 1990, malgré la protection qu'il offre au président de la banque. Le Trésor s'alarme de plus en plus des risques pris par Haberer, mais il faut attendre septembre 1992 pour qu'il ordonne à la banque un suivi de ses engagements. Pendant ces deux ans de mise en garde, le président du Crédit lyonnais a néanmoins continué à prendre de gros risques alors que la situation financière de son groupe était manifestement fragile. À chaque fois, les services du Trésor sont informés après coup. Comme le note alors une fonctionnaire du Trésor reprise par la commission d'enquête : « Il n'est pas normal que le Crédit Lyonnais décide des opérations importantes de prises de participations sans en référer à son actionnaire majoritaire, pour ensuite lui réclamer des fonds propres[69]. » Dans ce cas de figure, il est évident que l'État actionnaire a démontré son incapacité à surpasser une entreprise privée dans l'efficacité de gestion : il a systématiquement apporté des fonds propres à une entreprise dont il ne maîtrisait ni ne connaissait exactement l'activité.

Dans toute cette affaire, l'un des principaux ressorts qui ont transformé l'affaire du Crédit lyonnais en un scandale d'État, c'est la connivence constante entre le pouvoir politique et le pouvoir financier. À partir de 1989, les fonctionnaires du Trésor alertent régulièrement leur ministre sur la dégradation de la situation. Systématiquement, le ministre minimise ou étouffe les sujets. Lorsque Pierre Bérégovoy devient Premier ministre, Michel Sapin lui succède. Il prend connaissance du dossier, présenté sans ambages par ses services. Il décide néanmoins de reconduire Jean-Yves Haberer à la présidence de la banque le 24 juin 1992. L'intéressé conserve son poste jusqu'en novembre 1993, moment où, au vu des résultats catastrophiques du Crédit lyonnais, le ministre des Finances

69. *Rapport de la Commission d'enquête sur le Crédit Lyonnais*, p. 108.

de l'époque, Edmond Alphandéry, le nomme président du Crédit national, façon élégante de le remercier. Sur cette période, pas moins de trois ministres ont protégé ou ménagé la susceptibilité d'un président de banque dont les décisions erronées étaient réparées par le citoyen. La difficulté de l'État est largement contenue dans ce frein à la rationalité. Face à la nécessité de prendre des décisions politiquement impopulaires ou risquées, mais judicieuses économiquement, le pouvoir politique cherche à ménager sa popularité et diffère le plus possible les décisions difficiles.

Dans cette analyse, une mention spéciale doit être accordée au rôle que les corps de l'État ont joué dans la faillite du Crédit lyonnais. La commission d'enquête pointe d'ailleurs : « On ressent, enfin, parfois de manière un peu gênante, le grand respect des fonctionnaires du Trésor à l'égard de leur ancien directeur. On est parfois obligé d'y voir le signe d'une connivence qui aura été finalement préjudiciable à son bénéficiaire.[70] » Ce que visent ici les parlementaires, c'est le rôle de la technostructure, et spécialement des grands corps de l'État, dans la conduite des affaires et dans la définition des politiques publiques. En démocratie, seuls les élus ont une légitimité pour définir les politiques ; la technostructure doit se limiter à les appliquer sans les contester. De fait, la complexité grandissante de la machine étatique, assortie d'une tradition pluriséculaire de larges délégations de pouvoir accordées par les monarques aux agents de la fonction publique, conduit souvent les serviteurs de l'État à se substituer, au moins dans les faits, aux élus pour gérer les affaires, voire pour les orienter.

---

70. Ces citations, extraites du chapitre 3, A, 2 du rapport, sont consultables sur http://www.assemble-nationale.fr/10/rap-enq/r1480-t1.asp#IIIB2

Dans l'évaluation du rôle nécessaire de l'État en économie de marché, au moins pour la France, il est incontournable de s'interroger sur ces glissements de responsabilité et sur la nature même de la haute fonction publique. Pour reprendre l'exemple du Crédit lyonnais, le parcours personnel de Jean-Yves Haberer donne chair à une réalité difficile à soupçonner de l'extérieur. Sorti de l'ENA en 1959, il pilote, pour le ministre de l'Économie de l'époque, Michel Debré, de multiples fusions dans le secteur financier. De ces fusions naissent la BNP, l'UAP, les AGF et le GAN, quatre entreprises de banque et d'assurance qui structurent le paysage français pendant trente ans. Il devient directeur du Trésor en 1978, il participe alors à la mise en place du système monétaire européen. Il se rallie à la gauche en 1981, ce qui lui vaut la présidence de la BNP jusqu'en 1986. Édouard Balladur met alors fin à ses fonctions. Mais il est récupéré en 1988 par Pierre Bérégovoy, qui le nomme au Crédit lyonnais.

Paradoxalement, Haberer est sans doute l'un des derniers grands inspecteurs des finances au parcours exclusivement français. Ses collègues ont par la suite étendu leur champ d'activité à des organismes internationaux. Jean-Claude Trichet est président de la Banque centrale européenne. Pascal Lamy est directeur de l'Organisation mondiale du commerce. Jean Lemierre fut président de la BERD. Jean-Marie Messier a dirigé la multinationale Vivendi. Henri de Castries préside la multinationale AXA. D'autres moins connus ont également des carrières internationales : Isabelle Mateos y Lago comme économiste au FMI ; Ludovic Bizouard de Montille comme directeur de BNP-Paribas United Kingdom ; Alain Pilloux comme directeur de la BERD pour les PECO, etc. Ces quelques exemples souli-

gnent que l'IGF ne se contente pas de monopoliser les postes d'influence en France, elle agit également à l'échelle de la mondialisation.

La particularité de ce corps est de recruter à la sortie de l'ENA les premiers du classement, uniquement du concours externe, c'est-à-dire sans expérience professionnelle préalable, et de leur garantir une carrière à responsabilité, y compris au plus haut niveau. Valéry Giscard d'Estaing ou Alain Juppé en sont des exemples. Le profil pour être inspecteur général des finances est toujours le même : compétent, incontestablement, et sans hésitation sur la nécessité de développer la sphère financière privée. L'inspection des finances est une sorte de garante de la conception néo-classique de l'économie au sein du service public, une forme de sur-moi de la pensée unique d'État. Elle est l'incarnation de cette aristocratie qui a capté à son profit notre organisation démocratique.

Dans ces conditions, les apôtres d'une intervention économique de l'État ne peuvent ignorer que la doctrine de la haute administration est assez largement définie par ce corps aristocratique, idéologiquement très rigide. L'illusion que la machine étatique est neutre et au service de l'intérêt général doit être sérieusement corrigée. Si l'attachement des inspecteurs des Finances à l'intérêt général ne peut être nié en bloc, il faut toujours se souvenir qu'il s'agit d'un intérêt général conforme à la doctrine walrassienne de l'équilibre. Rappelons-nous que cette aristocratie a largement privatisé les entreprises publiques pour développer une économie de marché avec quelques poids lourds financiers, de taille mondiale. L'analyse idéologique classique, qui oppose secteur privé et secteur public, fonctionnaires et capitalistes, marché et administration, est ici inopérante. La privatisation des grandes banques françaises, sous la conduite de l'inspection générale des finances, a permis à la France de continuer à exister sur les marchés internationaux. Il existe donc un continuum entre le monde de l'administration et le monde de l'entreprise. Dans cet esprit, il n'est pas surprenant que les grandes multinationales sorties du giron de l'État soient encore aujourd'hui présidées par des inspecteurs généraux. Ceux-ci sont les forgerons de l'industrie financière française. Par une forme de colbertisme walrassien, ils ont assuré au pays une présence de premier plan mondial dans une concurrence internationale très forte.

Une déduction relativement simple s'opère alors. Si la même élite exerce des responsabilités au sein de l'État et au sein de grandes multinationales financières, il se pourrait que l'État soit un instrument entre ses mains, une sorte de levier d'action au service d'intérêts particuliers. L'État devient alors un simple élément dans un ensemble aristocratique, où une même noblesse organise la société de façon suffisamment discrète pour que les apparences de la démocratie soient respectées, mais pour que le fonctionnement du processus de production garantisse à une minorité la prospérité à laquelle elle considère avoir droit.

Comme dans les autres pays industrialisés, cette noblesse s'appuie sur le consentement des classes dominées, populaires ou moyennes, pour gouverner et défendre ses intérêts. Il ne s'agit pas d'une dictature au sens propre, puisque le pouvoir est en apparence partagé. Les aristocrates sont suffisamment éclairés pour ne pas dominer par la terreur, et pour accepter les concessions qu'il faut pour préserver un consentement populaire satisfaisant : création de minima sociaux, législations garantissant des droits aux salariés, sphères de l'administration dont ils sont absents, comme les administrations sociales, par exemple. Ces concessions sont rendues possibles par le pouvoir du consentement : la réalité aristocratique de notre société est admise par tous comme un mélange de fatalité et de nécessité. Les propriétaires exigent-ils de baisser la rémunération du travail pour préserver leur taux de profit ? Ils peuvent s'appuyer sur l'approbation au moins faciale de l'opinion publique, qui craint par-dessus tout la délocalisation des entreprises. Nous reviendrons dans le chapitre suivant sur cette peur du chômage constamment agitée pour justifier les exigences patronales. À ce stade, nous pouvons admettre qu'elle relève plus de l'intimidation que de la conviction, mais l'intervention des médias contribue à convaincre les citoyens du bien-fondé scientifique de l'argument et donc à susciter une adhésion collective suffisante pour que cette crainte soit vécue avec une résignation complice.

Le fait que l'aristocratie investisse massivement dans la presse est une preuve forte que sa stratégie repose sur le consentement. Tous les grands quotidiens français sont aujourd'hui la propriété de membres de cette élite, qui ont besoin de ces organes légitimes pour diffuser leurs opinions et travailler jour après jour les esprits afin de les convaincre de la fatalité de l'ordre qu'ils imposent à tous. Que l'économie de marché est rationnelle, que la mondialisation oblige à réduire les coûts du travail, que le bouclier fiscal se justifie par des raisons scientifiques, toutes ces vérités sont assénées explicitement ou non, répétées inlassablement par des médias aux ordres de propriétaires qui ont intérêt à l'érection de ces opinions en vérités indépassables. Par cette propagation idéologique extrêmement organisée, l'homme de la rue est ainsi encadré pour ne plus décoder son environnement social autrement que par le prisme des intérêts aristocratiques.

Une des difficultés majeures que rencontre l'aristocratie aujourd'hui tient à la décroissance progressive des taux de profit depuis 1975, qui s'est traduite par une augmentation de moins en moins rapide des salaires nominaux, et par une baisse effective des revenus arbitrables dont disposent les salariés. Ce durcissement concret des conditions de vie rend de plus en plus complexe le maintien du consentement. De toutes parts, l'inégalité grandissante dans les pays industrialisés entre la prospérité ostentatoire des plus riches et la dégradation visible du niveau de vie dans le reste de la société, c'est-à-dire dans la très grande majorité, suscite une contestation de plus en plus importante des règles du jeu. Ce phénomène diffus prend des proportions inquiétantes, face auquel l'État réagit par une répression de moins en moins discrète. De cette façon, l'État joue parfaitement son rôle d'instrument de domination au service de la noblesse républicaine.

Un indice fort de cette évolution est apporté par l'inflation législative et réglementaire qui accable les pays industrialisés. En France, par exemple, le volume du *Recueil des Lois* annuel de l'Assemblée nationale a décuplé en trente ans. Le Conseil d'État constatait, dans son *Rapport annuel* de 2006 : « La France légifère trop et légifère mal[71]. » Ce phénomène constitue un paradoxe apparent. Depuis les années 1970, la France, comme les autres pays industrialisés, s'est engagée dans le grand mouvement de libéralisation et de déréglementation prôné par les économistes walrassiens. Comment expliquer que les sociétés qui ont

71. Conseil d'Etat, *Rapport annuel 2006*, La documentation française, p.9.

prétendu déréglementer et réduire le périmètre d'intervention de l'État, aient multiplié par dix le poids de leurs réglementations en quelques décennies ? Comment concilier intellectuellement désengagement de l'État et omniprésence de l'autorité réglementaire et législative ?

Dans son *Rapport annuel*, le Conseil d'état distingue deux causes majeures. D'une part, le développement du droit communautaire a conduit à transposer en France un nombre important de mesures nouvelles, pendant que la décentralisation appelait à réglementer autrement. D'autre part, l'état tend à légiférer de plus en plus, y compris de façon émotionnelle. Le Conseil d'état écrit : « notre peuple est épris de lois et ne cesse d'en réclamer de nouvelles, comme si chaque problème nouveau nécessitait un traitement particulier, comme si un droit de principes se révélait inapte à régler des cas que l'on croit inédits. Cet appétit de nouvelles lois est trop souvent flatté par les gouvernants (...)[72] ». On notera avec amusement cette idée propre aux conseillers d'État selon laquelle la multiplication des textes au Parlement relève d'une demande populaire. Ceci prouve admirablement la rupture complète qui sépare le peuple et ses élites administratives.

Si l'on fait abstraction de ce romantisme législatif, l'obsession de légiférer et de réglementer peut être entendue autrement. En réalité, la déréglementation qui touche les pays industrialisés depuis trente ans est une déréglementation des élites et de leurs profits. L'ensemble des secteurs où cette élite perçoit des intérêts a perdu, un à un, ses verrous anciens : possibilité de fusionner banque et assurances, possibilité de spéculer sur tout (taux de change, indices boursiers, inflation, etc.), cotation continue en

72. op. cit., p. 10.

Bourse, suppression des professions intermédiaires réglementées (les agents de Bourse par exemple), internationalisation des investissements, disparition des barrières douanières, etc. Cette déréglementation s'est accompagnée d'un vaste mouvement de privatisations au sein des monopoles d'État ou publics les plus rentables. L'ensemble de cette évolution a permis la constitution d'une nouvelle caste, en charge de la direction de ces nouvelles entreprises, pour qui aucune règle ne doit enfreindre ses ambitions. Au nom de l'esprit d'entreprise et de l'efficacité économique, les équilibres patiemment construits durant les décennies précédentes ont rompu, et une nouvelle donne est à l'œuvre : un noyau dur de décideurs considère que la meilleure règle à appliquer est celle dictée par ses volontés et ses intérêts.

La conséquence de ce changement de cap est visible pour la collectivité : les appétits individuels ont remplacé les solidarités anciennes, et l'ostentation est devenue un baromètre des rapports sociaux. Les réussites s'affichent sans égard pour les exclusions sur lesquelles elles se fondent. À mesure que la société consacre moins de moyens à corriger les inégalités, les plus fragiles s'enfoncent alors que les plus puissants s'enrichissent. Cette modification en profondeur de nos rapports sociaux est porteuse de deux conséquences majeures. Premièrement, la cupidité est devenue une règle générale au sein de nos sociétés, et les valeurs collectives sortent ruinées de cette évolution. L'appât du gain justifie toutes les transgressions, surtout quand l'exemple des pires truanderies est donné par l'élite elle-même. Deuxièmement, l'ordre qui se construit autour de ces vices est de moins en moins accepté, de plus en plus contesté, en partie parce qu'il renforce des rentes de situation dans les couches supérieures de la société, et qu'il réduit les perspectives d'amélioration des conditions de vie par le travail.

L'inflation législative est une réponse à ce malaise dans la société. L'État légifère pour maintenir un semblant de cohésion et d'ordre dans une société de plus en plus contestée, dont les rapports se judiciarisent chaque jour un peu plus. L'affrontement contentieux est devenu, dans notre monde aux règles de moins en moins admises, un mode de relation normal entre les individus.

Par cette inflation législative, l'État, l'autorité publique, mène une lutte désespérée pour préserver un paix civile, une forme d'urbanité ultime, dans un corps social qui prend l'eau. Spontanément, ses membres ne s'aiment plus assez, et ne portent plus assez de désir d'être ensemble, pour vivre pacifiquement sans qu'un extravagant arsenal de règles ne les gouverne.

La problématique de l'insécurité porte témoignage de ce mal-être qui mine notre société. Depuis plusieurs années, les campagnes électorales sont gagnées ou perdues sur cette thématique. Il est de règle, pour les partis conservateurs, d'agiter le spectre de la peur et d'annoncer des vagues de répression pour rassurer et remporter les suffrages. Cet appel à la force, volontiers accompagné de mesures collectives comme l'expulsion de personnes pour des raisons ethniques, nous interroge en profondeur sur la viabilité de notre processus démocratique dans un univers où les grands équilibres sociaux ont succombé aux coups portés par l'avidité de l'élite. En soi, c'est d'ailleurs moins la problématique de l'insécurité que la façon dont elle est traitée par les élus du régime qui nous incite à nous méfier des conséquences à long terme de ces discours pour l'esprit républicain.

En effet, il est bien évident que, pour le pouvoir en place, l'insécurité est un prétexte au glissement collectif de la cité vers le champ de l'émotion et de la passion. Si un gouvernement avait l'intention sincère de traiter la question de l'insécurité, il aborderait en effet la question avec un minimum de bon sens et d'objectivité. Par exemple, il répondrait durablement au rapport au Premier ministre sur une meilleure répartition des effectifs de la police et de la gendarmerie pour une meilleure sécurité publique, publié en avril 1998, rédigé par deux parlementaires, Roland Carraz et Jean-Jacques Hyest, dans un contexte d'interrogation récurrente sur ce sujet. À l'époque où ce rapport fut rédigé, le directeur général de la police nationale s'appelait Claude Guéant, devenu depuis lors secrétaire général de l'Élysée. Nul ne peut donc, dans ces affaires, invoquer l'ignorance pour ne pas mener les politiques qui conviennent.

Ce rapport s'ouvre sur un constat bien connu des spécialistes de la sécurité : « la répartition des moyens humains en matière de sécurité publique est inadaptée aux réalités de la délinquance et de la société[73] ». À titre d'exemple, le Rhône était à l'époque le département français le plus criminogène, avec près de 55 faits de délinquance sur la voie publique constatés pour 1 000 habitants en un an. Il disposait d'un policier pour 430 habitants[74]. Le Cantal était le département le moins criminogène de France, avec 7,5 faits constatés pour 1 000 habitants, soit sept fois moins que dans le Rhône. Il disposait d'un policier pour 349 habitants. Ce phénomène de sous-dotation en effectifs

73. op. cit., p. 18.
74. Ces chiffres se fondent sur les informations contenues dans les tableaux statistiques du rapport, p. 21 à 23.

policiers des départements les plus criminogènes, et de surdotation des départements les moins criminogènes se vérifie sur l'ensemble du territoire. Le rapport a le mérite d'analyser assez précisément la contre-redistribution des moyens de l'État en faveur de certains territoires. Il note par exemple : « Les 100 circonscriptions de police les plus criminogènes, qui ont 2,4 fois plus de faits constatés par tête d'habitant que les 100 les moins criminogènes, ont pourtant deux fois plus de policiers par tête d'habitant[75] », s'agissant des seules zones de police nationale. On mesure ici comment la direction de la police nationale peut à elle seule produire de flagrantes inégalités sur le territoire, sans aucune justification objective.

Avec astuce, ce rapport note : « les inégalités de répartition ne se sont guère réduites ces dernières années[76] ». Ainsi, de 1988 à 1998, décennie où la thématique de l'insécurité est pourtant devenue un thème d'affrontement électoral, le Cantal a vu ses effectifs policiers croître de 20%, ceux de la Lozère (deuxième département le moins criminogène de France) de 23%, alors que ceux du Rhône ont stagné et ceux des Alpes maritimes ont baissé de 8,34%, quoique ce département soit le troisième plus criminogène de France.

Il serait intéressant de savoir, douze ans après ce rapport, alors que l'insécurité est devenue un cheval de bataille essentiel pour les gouvernements en place depuis 2002, quel sort est réservé aux préconisations des rapporteurs sur la modification de la carte des effectifs policiers en France. Aucun chiffre n'est communiqué sur ce sujet, malgré les engagements très formels et constants de l'ac-

75. op. cit., p. 54.
76. op. cit., p. 53.

tuel président de la République sur le terrain de la sécurité. Ce silence sur les chiffres ne peut être attribué à une inattention de la part du gouvernement, puisque de nombreux parlementaires demandent de façon répétée à avoir communication d'informations précises sur ce point. C'est notamment le cas de députés de Seine-Saint-Denis qui ont le sentiment que l'augmentation de la délinquance ne s'accompagne pas d'une attribution de moyens nouveaux pour la combattre. Pourtant, le gouvernement annonce régulièrement des augmentations d'effectifs dans ce département, mais ces annonces sont invérifiables.

Cela dit, que l'État soit contre-redistributif et, que pour des raisons liées à la nature conservatrice de la Ve République, il favorise des départements ruraux au détriment des zones urbaines, n'est pas nouveau. Ce constat a déjà été dressé sur la politique éducative. En revanche, le gouvernement actuel n'a pris aucun engagement en matière d'éducation, alors que, fidèle à une ligne politique vieille de plus de vingt ans, il a fait de la sécurité un point nodal de sa doctrine. Comment expliquer qu'il se mette en risque politique par une telle discordance entre ses intentions affichées et la réalité de ses décisions ou l'absence de ses décisions ?

Pour comprendre cette stratégie, il faut s'interroger sur les destinataires exacts du discours sécuritaire et sur sa finalité ultime. Manifestement, la menace de répression n'est pas destinée aux délinquants. En dehors de quelques opérations ponctuelles menées devant les caméras à grand renfort exceptionnel de policiers, la politique sécuritaire n'a pas connu de modification substantielle en France sur une longue période. Les quartiers difficiles demeurent sous-dotés en effectifs et, comme l'Éducation nationale, l'administration continue à affecter dans les banlieues violentes les policiers les plus inexpérimentés, dont le seul objectif est de quitter au plus vite le territoire qu'ils ont en charge.

En revanche, si nous admettons l'hypothèse que le discours répressif est d'abord adressé aux citoyens honnêtes, comme une intimidation larvée d'un État policier à l'usage d'éventuels contestataires de l'ordre, l'analyse de la politique sécuritaire prend un autre sens. Elle rend par exemple plus intelligible l'explosion du nombre de gardes à vue à mesure que les bénéfices de la croissance sont moins bien répartis et que le consentement à notre ordre social se rompt. En 2009, 790 000 Français ont été gardés à vue, soit plus d'un Français sur cent. Ce chiffre extravagant montre que la répression policière déborde très largement le simple cadre de la lutte contre la délinquance, et qu'elle est devenue un mode essentiel de relation entre la police et les citoyens et, au-delà, entre le pouvoir et les citoyens.

Sur ce point, il suffit de lire la décision du Conseil constitutionnel en date du 30 juillet 2010 pour comprendre que les juristes les plus éminents de notre pays considèrent que la dérive policière française constitue d'ores et déjà un danger sérieux pour la démocratie. La position du Conseil, en réponse à une question prioritaire de constitutionnalité, n'était pourtant pas simple. En 1993, cette instance avait validé les dispositions du Code de procédure pénale[77] qui durcissaient le régime de la garde à vue. Face à cette jurisprudence, le Conseil note toutefois que « depuis 1993, certaines modifications des règles de la procédure pénale ainsi que des changements dans les conditions de sa mise en œuvre ont conduit à un recours de plus en plus fréquent à la garde à vue et modifié l'équilibre des pouvoirs

77. Conseil Constitutionnel, décision n°2010-14/22, considérant n°15.

et des droits fixés par le Code de procédure pénale ». En particulier, le conseil vise le poids de plus en plus important des aveux obtenus dans le cadre d'une garde à vue. Ceux-ci sont souvent déterminants dans les procédures de comparution immédiate. La garde à vue est donc devenue une sorte d'outil judiciaire incontournable sur la voie de la condamnation : « ces évolutions ont contribué à banaliser le recours à la garde à vue, y compris pour des infractions mineures[78] ». La situation a semblé suffisamment alarmante aux Sages, pour qu'ils ordonnent au gouvernement de modifier dans l'année le Code de procédure pénale, afin de le rendre plus libéral et plus protecteur des libertés publiques.

La décision du Conseil doit être comprise comme un signal d'alarme fort envoyé par des démocrates conservateurs en direction de l'opinion tout entière. La privation de liberté par la police, moment infamant pour les citoyens honnêtes, s'est banalisée. Des affaires, citées dans la presse, de citoyens en contravention simple sur la voie publique retenus pendant une nuit au poste de police sont devenues monnaie courante. Ces pratiques répressives ne visent pas à lutter contre la délinquance urbaine. Elles s'adressent aux citoyens ordinaires, dont la vie quotidienne est de plus en plus contrôlée par le pouvoir. L'objectif est de faire peur, de dissuader toute contestation, d'exprimer la force de l'appareil étatique.

La dérive sécuritaire que nous connaissons en France (répression policière, chasse aux étrangers, utilisation disproportionnée de la privation de liberté pour des faits mineurs, voire par simple intimidation, mais aussi développement de la télésurveillance, droits accrus pour les

78. Idem, considérant n°18.

sociétés de gardiennage privées, etc.) illustre la difficulté grandissante pour l'autorité publique de maintenir l'ordre social inégalitaire, en même temps qu'elle dévoile la véritable fonction de l'État dans un système oligarchique. L'État n'a pas pour rôle de redistribuer les moyens ou d'organiser de façon rationnelle l'économie. Il n'est pas un acteur plus rationnel qu'une entreprise. Il est un outil de domination entre les mains de l'aristocratie, qui concourt plus particulièrement à dissuader le citoyen de se révolter, au besoin par le recours à la force.

L'idée selon laquelle un renforcement de l'État, un retour à l'État-providence, nous permettrait de renouer avec les délices du passé est une idée fausse. Renforcer l'État, c'est accroître encore la domination des élites sur le système économique, et faciliter la prédation dont la collectivité fait l'objet.

De ce point de vue, les seules solutions durables à la subordination de la majorité à une aristocratie reposent sur l'affirmation de la liberté civile. Plutôt que d'accroître la place d'une bureaucratie administrative productrice de normes asservissantes et de répression, l'activité des citoyens doit au contraire être soumise au moins d'entraves possible. Au fond, il s'agit de recouvrer la liberté dans un système où la citoyenneté ressemble de plus en plus à un assujettissement.

Chapitre V
Dette publique et mondialisation

Lorsque j'étais enfant, j'avais un oncle et une tante ouvriers agricoles dans une ferme, en Charente. Les terres appartenaient au châtelain local. Les gens du coin se souvenaient du vicomte allant à la messe le dimanche en attelage, le haut-de-forme vissé sur la tête. Il rentrait ensuite dans sa gentilhommière, au milieu d'un petit parc où trônait un chêne planté, paraît-il, sous Henri IV. Les hameaux à l'entour faisaient partie du fief. Il y en avait trois ou quatre peut-être, composés chacun d'une grosse ferme et de quelques masures où vivotaient des vieux tout droit sortis d'un documentaire un peu rasoir de Fourastié. Dans l'une de ces grosses fermes, mon oncle et ma tante faisaient tourner l'activité du domaine : un troupeau de vaches à lait, quelques porcs, une centaine de moutons, des canards, des poules, des dindons. Du blé, du maïs, quelques légumes. Il n'y avait pas de sanitaires. Deux chambres pour deux adultes et huit enfants. Une grande pièce à vivre sans chauffage, avec juste une énorme cheminée pour l'hiver. Et quand le fumier arrivait pour nourrir la terre, la benne le versait dans la cour, devant les fenêtres de la maison, en attendant l'épandage. Les affaires n'allaient pas bien. Et un jour, la vicomtesse est venue. Elle s'est invitée. Elle a regardé mon oncle et lui a dit de façon péremptoire :

– Nous n'avons pas les moyens de vous payer ce mois-ci. Nous aurons du mal pendant plusieurs mois. Vous comprenez, l'argent ne rentre pas et nous avons un rang à tenir. Nous devons recevoir et entretenir le château. En contrepartie, on ne vous réclamera pas de loyer.

J'ai cru longtemps que cette France-là avait disparu. Je n'en entendais plus parler. Puis, à la faveur d'une réunion au MEDEF, quelque part durant l'année 2009, le sujet a roulé sur les salaires et le partage de la valeur ajoutée. Nicolas Sarkozy avait énoncé sa règle des trois tiers : un tiers pour l'investissement, un tiers pour les propriétaires, un tiers pour les salariés. Les syndicats avaient repris en cœur. Le chômage augmentait. La crise financière sévissait. Les patrons étaient inquiets. Et le représentant d'une importante fédération du commerce a décoché un : « De toute façon, nous avons évoqué le sujet avec nos adhérents. Ils sont très clairs. Si le gouvernement prend la moindre mesure pour renchérir le coût du travail, ils licencieront. Ils ont une rentabilité à assurer sur leurs capitaux, et il est hors de question que cette rentabilité diminue. Ils la préserveront coûte-que-coûte. »

L'affirmation avait le mérite d'être claire. Je la cite pour deux raisons. D'abord parce qu'en phase de baisse tendancielle des taux de profit, la menace sur l'emploi est systématiquement agitée. La question du coût du travail n'en est que l'illustration contemporaine. Lorsqu'un détenteur de capital a le choix entre son profit personnel et l'avenir de son prochain, son calcul est vite fait. Surtout, je veux souligner que le chantage à l'emploi ou au salaire est une constante de l'économie de marché, totalement indépendante des conditions de la concurrence.

Ce point est important pour mieux éclairer le problème de la mondialisation. Si l'on n'aborde pas la question du chantage à l'emploi avec recul, on peut assez vite se laisser piéger par les croyances à la mode, selon lesquelles c'est à cause de la mondialisation que des employeurs menacent de fermer des usines si les salaires augmentent. En réalité, cette technique argumentaire est vieille comme le monde, et s'applique à toute situation, mondialisation ou pas. Dans le cas que j'ai cité, il est évident que le chantage patronal est indépendant de la mondialisation, puisque le commerce est par excellence ce qui ne peut être délocalisé. Annoncer que l'on va fermer un magasin en France parce que les salaires y sont trop élevés, et qu'on va le déplacer en Chine est évidemment absurde.

Pendant les trois ans que j'ai passés au MEDEF, j'ai d'ailleurs assez peu entendu parler de délocalisation. En tout cas, si le sujet a fait l'objet de discussions, je n'ai jamais constaté que les représentants de l'industrie en fissent un cheval de bataille. Au contraire, l'UIMM insiste régulièrement sur sa volonté de créer des emplois en France. Les seuls qui évoquaient les licenciements pour cause de coût du travail trop élevé appartenaient d'ordinaire à des secteurs qui ne peuvent se délocaliser : propreté, travail temporaire, commerce.

Cette précision me paraît importante, car, dans le prêt-à-penser contemporain, nous avons coutume d'opérer un raccourci entre coût du travail, concurrence internationale et mondialisation. Les salaires et les charges sont trop élevés en France, donc nous sommes moins compétitifs que les autres, donc les usines ferment pour ouvrir à l'étranger, en Roumanie, en Turquie, en Chine, etc. Cette thématique de la mondialisation est devenue une équation évidente pour tous. Mais en me fiant à l'expérience concrète que je me forgeais, j'ai commencé à en nourrir certains doutes.

En parcourant les publications du FMI, mes doutes ont été confortés. Ainsi, Paul Streeten[79], économiste du Fonds monétaire international, écrit : « le monde était plus intégré au XIXe siècle qu'il ne l'est aujourd'hui », alors même que les barrières douanières étaient beaucoup plus élevées. Les exportations représentaient par exemple 25% du revenu mondial en 2007, alors qu'en 1913, elles équivalaient 21,2%. Mais Paul Streeten souligne avec astuce que la part des dépenses publiques, qui ne figurent pas dans le PIB, a beaucoup augmenté au XXe siècle, de telle sorte que le ratio global est trompeur, puisqu'il mesure mal la production de richesses non marchandes dans le revenu total[80]. Dans cet esprit, la situation actuelle de notre monde n'est donc pas de façon caractéristique beaucoup plus globalisée – pour reprendre le terme anglo-saxon – qu'il y a cent ans. Au contraire même, dans l'ensemble de l'activité économique mondiale, la dépendance entre eux des États est globalement moins intense.

Cette mise en garde préliminaire est importante, car, dans la représentation commune, la mondialisation est un phénomène inédit lié à la suppression des barrières douanières. Par des glissements de sens si courants dans la pensée unique, une équation s'est assez vite affirmée : le monde ancien était cloisonné parce qu'il était perclus de barrières douanières ; le monde nouveau est globalisé parce qu'il ne comporte plus de barrières douanières. Un raccourci

79. Paul Streeten, *Finances et Développement*, juin 2001, p. 34.
80. op. cit., p. 35.

malhonnête entre concepts laisse croire que le libre-échange est une condition de la mondialisation, et que le rétablissement de barrières douanières en est l'ennemi ou l'antidote. Ces confusions sont sans fondement. Le monde en 1880 était sensiblement plus globalisé qu'aujourd'hui, et pourtant chaque pays imposait des tarifs douaniers substantiels à l'importation des marchandises.

Cette comparaison historique ne signifie pas que la mondialisation n'existe pas. Les relations commerciales entre États se développent effectivement depuis la Seconde Guerre mondiale, après un long retour en arrière entre 1914 et 1945. Toutefois, le phénomène de mondialisation que nous connaissons aujourd'hui présente plusieurs caractéristiques qui le distinguent des vagues de mondialisation antérieures.

En termes de volume par exemple, la croissance commerciale annuelle depuis 1973 se rapproche beaucoup de la croissance propre à la période 1870-1913 : aux alentours de 5% annuels, alors que cette croissance s'est élevée à environ 8% de 1950 à 1973[81]. D'une certaine façon, nous vivons donc un ralentissement de la mondialisation commerciale depuis une trentaine d'années, alors même qu'aucun facteur politique ne l'explique : le bloc soviétique a disparu, la Chine adhère à l'OMC, les pays du monde se sont regroupés dans des institutions multilatérales qui facilitent le commerce.

Une autre caractéristique marquante porte sur la nature de la mondialisation. Alors que celle-ci s'est faite par le libre-échange avant 1974, elle se traduit aujourd'hui par les investissements directs à l'étranger, c'est-à-dire la consti-

81. Chiffres tirés du *Rapport sur le commerce mondial 2008 de l'OMC*, p. 17, tableau 1.

tution de grandes sociétés multinationales qui ouvrent des centres de production à l'étranger. En 1982, le stock d'investissements directs à l'étranger représentait 5,2% du PIB mondial[82]. En 2006, ce stock s'élevait à 25,6% du PIB mondial, soit une multiplication par cinq en vingt-cinq ans. Proportionnellement, cette progression est plus forte que le volume global des exportations, ce qui manifeste clairement que la mondialisation à l'œuvre est moins commerciale que capitalistique. Toutefois, Paul Streeten, dans l'article déjà cité, fait remarquer que « l'investissement direct étranger représente aujourd'hui une plus faible part de l'investissement total dans la plupart des pays que ce n'était le cas avant 1914[83] ».

Cette évolution est essentielle pour comprendre la physionomie de ce que l'on appelle couramment la mondialisation. En réalité, celle-ci ne passe pas majoritairement par un développement des échanges commerciaux entre pays. Elle se matérialise par la constitution de grands groupes extrêmement mobiles, qui fragmentent leur production sur l'ensemble de la planète. En ce sens, la mondialisation que nous connaissons n'est pas une mondialisation du commerce. Elle est une mondialisation du capital. Celui-ci projette sa force de production dans le pays de son choix, celui où, pour des raisons qui lui sont propres, il trouve le plus d'intérêt à s'installer.

Cette nouveauté a surpris les économistes. La mondialisation du capital a bouleversé les théories du libre échange et du commerce international qu'ils tenaient pour acquises.

Jusqu'alors la théorie de l'avantage comparatif absolu de Smith, puis de l'avantage comparatif relatif de Ricardo,

82. Idem.
83. op. cit., p.36.

analysait la mondialisation en termes de relations commerciales entre pays. Adaptée au vingtième siècle par les économistes Heckscher et Ohlin, cette théorie, qui a guidé la constitution de l'Union européenne et de l'OMC, est aujourd'hui invalidée par les faits. « Les complexités du monde réel conjuguées à la difficulté d'isoler et d'observer les relations rendent difficile la validation des théories du commerce[84]. » Autrement dit, l'idéologie classique, qui a présidé au développement du libre-échange durant ces trente dernières années, ne produit pas les effets escomptés.

À la base, le libre-échange commercial était porteur d'une vision presque naïve, ou angélique, d'un développement mondial par la suppression des barrières douanières. C'est en tout cas de cette façon que la création de l'Organisation mondiale du commerce, en 1995, pour consolider les accords commerciaux signés dans le cadre du GATT depuis la fin de la guerre, fut présentée. « L'OMC offre une enceinte où sont négociés des accords destinés à réduire les obstacles au commerce international, à garantir des conditions égales pour tous et à contribuer ainsi à la croissance économique et au développement[85] », écrit son directeur général. Dans cet esprit, les promoteurs de cette vaste intégration économique s'attendaient à une réduction des inégalités dans le monde, et à une prospérité fondée sur l'exploitation par chaque pays de son avantage comparatif.

Aucun de ces apprentis sorciers ne s'attendait aux résultats effectifs de la libéralisation des échanges, en particulier à l'internationalisation du capital. « Les théories du commerce

84. op. cit., p. XV.
85. consultable sur
http://www.wto.org/french/thewto_f/whatis_f/wto_dg_stat_f.htm

international et les modèles que nous avons examinés ne fournissent que peu d'explications sur les décisions de localisation[86] et l'organisation industrielle des entreprises. » Ce point est pourtant d'importance, car il signifie que le libre-échange a en réalité amplifié un phénomène existant : le poids démesuré de quelques grandes entreprises de taille mondiale, sans corriger les déséquilibres du système.

Il a fallu attendre les recherches de l'économiste Paul Krugman, et l'invention de l'école de la géographie économique pour donner un sens à la réalité de la mondialisation. Celle-ci constate que, dans le système de libre-échange, les pays qui exportent le plus facilement sont ceux qui disposent du marché intérieur le plus large. Autrement dit, l'idéologie de l'OMC est d'abord un avantage accordé aux grands pays pour conquérir de nouveaux marchés. Dans le même temps, l'ouverture des marchés intérieurs à une concurrence accrue a produit des effets dévastateurs chez les plus pauvres, entraînant de larges aggravations des inégalités. « On s'attendait initialement à ce que le commerce contribue à la réduction des inégalités dans ces pays. Il était censé réduire la pauvreté grâce à ses effets positifs sur la croissance et sur la répartition des revenus. Cependant, des études empiriques ont montré que la réforme du commerce n'avait pas toujours eu des effets positifs sur le second élément.[87] » Ces différents aveux de l'OMC elle-même soulignent là encore la façon dont l'idéologie classique de concurrence pure et parfaite, y compris entre nations, loin de produire un équilibre général, est source d'approfondissement des inégalités, en donnant toujours plus d'avantages aux plus avantagés, et en pénalisant les moins favorisés.

86. Sic, *Rapport sur le commerce mondial 2008*, p. XIX.
87. Idem, p. XXIII.

L'un des effets les plus inattendus de l'ouverture des frontières est pudiquement baptisé par l'OMC et les économistes classiques : « fragmentation de la production », aussi appelée en France délocalisation.

Ce grand fantasme du monde contemporain, régulièrement agité par les médias des pays industrialisés, n'a à ce jour fait l'objet d'aucune compréhension statistique sérieuse. Comme l'écrit le rapport de l'OMC : « Il est difficile de mesurer l'ampleur et l'évolution de la délocalisation de la production de biens et de services car la définition économique d'une délocalisation ne correspond guère aux données collectées officiellement[88]. » L'OMC n'est d'ailleurs pas l'unique instance autorisée où est dressé ce constat d'incapacité à mesurer et comprendre le phénomène de la délocalisation. Le rapport du Conseil d'analyse économique rédigé par Fontagné et Lorenzi, en 2006, intitulé *Désindustrialisation, délocalisations*, fait les mêmes observations. Si l'on admet que le recul de l'industrie n'est pas seulement lié aux délocalisations vers des pays en voie de développement, mais à une tendance plus profonde des économies occidentales vers un renforcement du secteur tertiaire, l'influence des pertes d'emploi liées à une concurrence directe de la main-d'œuvre au sein des pays émergents reste marginale sur la population active, surtout en France. Le rapport note que la France est « l'un des pays les moins affectés par l'impact des délocalisations sur la désindustrialisation, alors qu'elle enregistre une désindustrialisation supérieure à la moyenne de l'échantillon[89] ». Autrement dit, s'il s'avère que des délocalisations se produisent du fait du libre échange, celles-ci ont peu d'effet sur le travail en

88. idem, p. XXI.
89. op. cit., La documentation française, p. 75.

France (10% des destructions d'emploi industriel semble-t-il).

Cette information plutôt rassurante est à rebours de la grande angoisse qui agite nos sociétés industrialisées face à l'ouverture des marchés. Là encore, il ne faut pas seulement chercher à décoder la mondialisation au prisme de la réalité économique. Il faut identifier en elle l'idéologie politique et les intérêts qui la sous-tendent. Lorsqu'un employeur menace de fermer une usine en France pour la construire dans un pays émergent, ce n'est pas la rationalité économique qui parle. En effet, aucune mesure salariale ne permettra de combler le différentiel entre un salaire français et un salaire dix fois inférieur dans les pays émergents. La décision de rester en France n'est donc pas dictée par un calcul économique rationnel. En revanche, la menace exercée, le chantage, qui joue habilement sur une peur nourrie par les médias, permet d'obtenir de la part des salariés des concessions extravagantes, notamment en matière de rémunération.

Sur ce point précis, la mondialisation telle que nous la vivons offre une particularité qui est rarement évoquée par les économistes. Paul Streeten, dans l'article cité plus haut, remarque en effet : « Les néolibéraux préconisent le libre-échange et une large part de laissez-faire, mais non pas la libre circulation des personnes[90]. » La grande hypocrisie de la mondialisation consiste à offrir une très grande liberté de circulation aux capitaux, qui peuvent disposer à leur guise de la main-d'œuvre partout dans le monde, mais à priver la main-d'œuvre de cette même liberté vis-à-vis du capital. Ainsi, partout dans les pays occidentaux fleurissent

90. op. cit., p. 37.

des politiques d'immigration extrêmement restrictives, destinées à enfermer les salariés dans des pays à faible coût horaire, sans espoir de pouvoir améliorer leur situation.

Au contraire, à la fin du dix-neuvième siècle, la mondialisation fonctionnait sur un principe rigoureusement inverse. D'une part, les pays étaient dotés de barrières douanières qui équilibraient les prix des marchandises importées. D'autre part, la main-d'œuvre se déplaçait librement. Il est vrai que cette main-d'œuvre venait majoritairement des pays européens et se dirigeait vers l'Amérique du Nord, alors que les flux migratoires contemporains portent sur des espaces géographiques nouveaux.

Néanmoins, il n'est pas inutile de se demander si la concomitance entre des politiques migratoires répressives et un recours systématique à une menace fantasmatique de délocalisation ne constituent pas une instrumentation extrêmement malhonnête de la mondialisation, destinée à intimider les revendications salariales en Europe, plus qu'à réagir avec conscience à une évolution économique que personne ne parvient à mesurer.

En tout cas, la question de la délocalisation, qui est à de nombreux égards un fantasme plutôt qu'une réalité, occulte la véritable dimension de la mondialisation, à savoir l'affirmation économique et politique de nouvelles puissances sur lesquelles les pays occidentaux s'appuient, auprès desquels ils s'endettent, pour préserver leurs taux de profit. Au premier chef, ce sont les fameux BRIC: Brésil, Russie, Inde, Chine, qui s'imposent peu à peu comme les créanciers de l'Occident. Il n'est pas prouvé que la mondialisation, par l'abaissement des barrières douanières, soit la cause directe de l'essor de ces pays. En revanche, leur affirmation comme puissances importantes dans l'espace économique mondial est contemporain de cet abaissement. Quelle qu'en soit la cause, leur émergence, si elle se confirme, devrait leur permettre de faire jeu égal avec les puissances industrielles traditionnelles d'ici une trentaine d'années.

Ce bouleversement majeur dans l'ordre économique mondial est, à ce stade, source de nombreuses perturbations.

En effet, les pays émergents, et tout particulièrement la Chine, dégagent d'importants excédents commerciaux dans leurs relations avec les pays occidentaux. Grâce à cette balance commerciale favorable, ils accumulent de colossales réserves de change. Celles-ci correspondent en particulier à la masse de dollars que les Chinois récoltent dans leur commerce avec les États-Unis, et qu'ils ne consomment pas sur leur marché intérieur. Au total, ces réserves avoisineraient 7 000 milliards de dollars, dont 2 000 environ pour la Chine, et 4 500 pour l'ensemble des pays émergents[91]. Plus de 10% du PIB mondial sont accumulés en réserves de changes, qui constituent une importante masse de liquidités à placer sur les marchés.

Cette envolée des réserves de change explique en partie la crise financière de 2008, et se révèle à la source d'une tendance constante à la constitution de bulles spéculatives. En effet, l'excès de liquidités détenues par ces pays émergents contribue à un renchérissement global des actifs financiers. Autrement dit, avec leurs réserves de change, ces pays font des placements, notamment immobiliers, dans les pays occidentaux, qui contribuent à une montée générale des cours et des prix. Compte tenu de la masse des liquidités à placer, même les placements les plus risqués font

91. Ces chiffres sont consultables sur le site du Trésor américain : http://www.treas.gov/tic/mfh.txt

l'objet d'investissements spéculatifs, avec les risques que l'on sait, et dont les subprimes ont donné la meilleure illustration.

L'un des effets les plus marquants de la mondialisation et de l'intégration des pays émergents au commerce mondial consiste donc à mettre en danger l'ensemble du système financier international par les phénomènes de bulles spéculatives qu'elles contribuent à créer. De ce point de vue, le véritable risque de la mondialisation ne concerne pas la délocalisation des activités, mais bien les déséquilibres financiers issus de réserves de change excessives.

Au premier chef, la politique monétaire chinoise est en cause. En intégrant l'OMC au début de ce siècle, la Chine n'a accordé aucune contrepartie véritable aux pays occidentaux. En particulier, elle n'a pas adopté le système de changes flottants, qui produit une appréciation mécanique de la monnaie d'un pays, lorsque celui-ci engrange trop d'excédents commerciaux. Si la Chine adoptait ce système en vigueur dans l'ensemble des pays industrialisés, les prix de ses exportations augmenteraient automatiquement, à mesure que la monnaie chinoise s'apprécierait sur le marché des changes. Or, la Chine a préféré conserver un système de parité fixe, avec une monnaie nationale extrêmement dépréciée sur les marchés internationaux. Cette technique dite de dumping monétaire constitue une forme de guerre économique livrée à l'Occident. En effet, grâce à une monnaie peu chère, les produits chinois sont vendus à des prix imbattables sur nos marchés, de telle sorte qu'aucune concurrence ne peut être soutenue par les pays occidentaux. Cette stratégie vise évidemment à affaiblir le plus possible le tissu industriel dans nos pays, pour renforcer le poids de l'appareil productif chinois.

Cette pratique déloyale fait peser une véritable menace sur les emplois industriels occidentaux, puisque la Chine affaiblit la totalité du tissu productif de nos pays, en envahissant nos marchés sans contrepoids possible. Ce phénomène est différent de la délocalisation, dans la mesure où la production n'est pas ici transportée d'un pays occidental vers la Chine. En revanche, il produit les mêmes effets que la délocalisation, puisque la production nationale chinoise grignote les parts de marché des industries occidentales grâce à des tarifs artificiellement bas. Ce faisant, l'industrie chinoise étouffe progressivement nos industriels.

Dans ce contexte, comment comprendre que l'OMC ne réagisse pas avec virulence et que nous ne fermions pas nos frontières aux produits chinois en attendant que ceux-ci soient vendus dans un système de parité flottante ?

En fait, certains États, à commencer par les États-Unis, ont rapidement trouvé un intérêt puissant à cette nouvelle organisation internationale du travail, et ne sont plus en situation de la contester. Grâce à leurs réserves de change, les pays émergents disposent de ressources suffisantes pour financer les déficits publics occidentaux. Dans le cas des États-Unis, la levée de 1 500 milliards de dollars d'obligations sur les marchés pour la seule année 2010 est un exercice périlleux, qui suppose d'importantes liquidités partout dans le monde. Pour cette raison, les États-Unis entretiennent des relations diplomatiques très étroites avec la Chine dont la moitié des réserves de change est investie en bons du Trésor américain. Ces deux pays se soutiennent aujourd'hui mutuellement. Dans l'hypothèse où la Chine cesserait brutalement de financer les déficits publics américains, l'économie américaine s'effondrerait, entraînant avec elle l'ensemble du monde, Chine comprise. En ce sens, la mondialisation, au sens d'une imbrication entre nations, se réalise véritablement sur le marché des financements publics et des dettes souveraines. Sans les réserves de change des pays émergents, les pays occidentaux ne pourraient pas financer efficacement leurs déficits publics et se trouveraient rapidement asphyxiés économiquement.

Vue sous cet angle, la mondialisation apparaît donc moins comme une logique de développement commercial, mais beaucoup plus comme une vaste opération de financement des pays occidentaux par l'épargne des pays émergents. Au fur et à mesure, en effet, que les États ont accumulé les déficits, ils se sont tournés vers les réserves de change de la Chine, mais aussi de la Russie, et des dragons asiatiques, pour obtenir des refinancements à taux bas.

Cette tendance économique doit être comprise dans sa globalité. Au début des années 1980, crépuscule de l'État-Providence et du bloc socialiste, les finances publiques occidentales et les ménages de nos pays se trouvaient dans une situation financière globalement saine. La croissance molle qui s'est alors installée a commencé à réduire les profits. Des vagues de privatisations ont permis de doper les marchés financiers et de constituer d'importantes fortunes. Socialement, la gestion de ce phénomène s'est révélée compliquée. S'il avait fallu imposer aux populations occidentales les sacrifices nécessaires pour maintenir des taux de profit importants dans un univers de plus en plus contraint, la situation sociale se serait fortement tendue jusqu'à produire de graves désordres. Le choix majoritairement opéré par les États a consisté à recourir à un endettement grandissant, soit public, soit privé, pour préserver un mode de vie acceptable aux contribuables sans rogner sur les profits des possédants.

Dans le cas des États-Unis, par exemple, la dette publique a franchi le cap des 1 000 milliards de dollars en 1982 pour atteindre les 13 000 milliards de dollars en 2010. Si l'on se souvient que l'élection de Ronald Reagan, interprétée à l'époque comme le début de la révolution conservatrice américaine, date de 1980, il y a une certaine ironie à constater qu'elle a donné le coup d'envoi d'une multiplication par 13 de la dette publique en trente ans. Dans le même temps, la dette des ménages américains n'a cessé d'augmenter jusqu'à dépasser le seuil des 100% en 2002. Autrement dit, depuis trente ans, l'essentiel de la croissance américaine s'est faite à crédit. Le recours à l'endettement a été si large, qu'il s'est même étendu à des populations non solvables. C'est ainsi que la crise des subprimes est survenue.

Parallèlement, les États-Unis ont fait un appel grandissant aux investisseurs internationaux pour financer leur croissance. En avril 2010, 15% de leur dette était détenue par la Chine, le Japon, Hong-Kong et Taiwan. Le Brésil, la Russie et les pays exportateurs de pétrole en détenaient près de 5%. Au total, un tiers de la dette américaine appartient à des pays étrangers. Autant dire que la mondialisation est d'abord une occasion d'enrichir des États émergents pour qu'ils prêtent aux nations industrialisées l'argent dont celles-ci ont besoin pour préserver leur train de vie. Lénine aurait dit que nous vendons la corde qui sert à nous pendre.

Dans le cas de la France, la situation est pire, puisque la part de la dette souveraine détenue par des non-résidents s'élève à près de 70% en mars 2010, alors qu'elle n'était encore que de 55% en 2005[92]. Pour un pays comme la

92. Ces chiffres sont consultables sur le site de l'Agence France Trésor : http://www.aft.gouv.fr/article_131.html?id_article=131. À noter que le gouvernement français donne beaucoup moins de détails sur les détenteurs de la dette souveraine que le Trésor américain.

France, la mondialisation se traduit plus encore que pour les États-Unis par une subordination de notre indépendance républicaine à des intérêts étrangers. Hormis la Grande-Bretagne, il semblerait que ces proportions importantes se vérifient dans l'ensemble des pays européens. Malheureusement, les données officielles manquent en Europe pour mesurer l'emprise des pays émergents sur nos finances publiques. On peut toutefois imaginer que sans l'apport financier de ces nouvelles puissances, nous devrions soit réduire drastiquement notre endettement, soit accepter des taux d'intérêt beaucoup plus élevés pour accéder aux financements dont nous avons besoin.

En ce sens, la mondialisation est devenue une béquille dont les pays occidentaux ont besoin pour préserver le plus longtemps possible leur paix sociale dans un ordre interne de plus en plus inégalitaire. Avec une certaine cohérence, l'abaissement des barrières douanières permet en effet de vendre à prix raisonnables dans les pays occidentaux des marchandises produites à bas coûts dans les pays émergents. Cette division internationale du travail résout plusieurs problèmes concomitants : elle lutte contre l'inflation puisque les importations permettent de vendre des produits moins chers que ceux fabriqués dans nos pays, elle limite l'émigration en organisant sur place la production que notre main-d'œuvre serait trop peu nombreuse pour assurer, elle dégage des réserves de change qui sont réinvesties dans des obligations d'État grâce auxquels les sacrifices imposés à nos populations sont limités.

Malgré cet intérêt objectif des pays occidentaux à construire la mondialisation, celle-ci est souvent présentée à l'opinion publique comme une fatalité inévitable. Implicitement, cela signifierait que le cours inexorable de l'histoire nous conduit à affronter une concurrence dévastatrice avec la Chine, en même temps qu'il nous oblige à nous aliéner financièrement aux pays émergents. Tôt ou tard, nous nous éveillerons un matin avec l'obligation de rembourser l'équivalent d'une année de revenus à ces pays, et nous nous apercevrons que nous sommes devenus aussi dépendants d'eux qu'un pays surendetté ne peut l'être vis-à-vis du *Fonds monétaire international*. Nous aurons accepté cette issue, jour après jour, parce que nous nous sommes persuadés qu'il n'existait aucune alternative à ce destin.

Cette conviction est évidemment sans fondement. La mondialisation que nous connaissons aujourd'hui résulte d'un choix politique délibéré des pays occidentaux, alors que la mondialisation du XIXe siècle répondait à une ouverture naturelle des pays entre eux. « Entre 1870 et 1914, l'intégration du monde a été fortuite[93] », écrit Paul Streeten. Au contraire, la mondialisation qui s'opère sous nos yeux est le fruit d'une volonté politique fortement et longuement mûrie.

Son point d'orgue est évidemment l'Organisation mondiale du commerce, créée à la fin du XXe siècle pour garantir le libre-échange par l'abaissement des barrières douanières. Cette invention institutionnelle constitue une sorte d'apothéose idéologique qui a ouvert les marchés occidentaux aux flux chinois, avec une allégresse récompensée par les investissements chinois dans les dettes souveraines.

L'OMC s'appuie à son tour sur une série d'instances multilatérales qui ont permis de créer d'importants marchés régionaux. En taille, le plus important d'entre eux est celui de l'Union européenne, qui a connu un développement

93. op. cit., p. 35.

majeur grâce à l'Acte unique européen, signé en 1986 pour relancer la dynamique communautaire. À l'époque, l'Acte unique a proclamé quatre libertés essentielles dans l'espace communautaire : la libre circulation des biens et des services par la suppression des entraves techniques qui limitait l'échange entre pays du marché commun, la libre circulation des personnes devenue effective dans le seul espace Schengen, la libre prestation de services, notamment pour les banques, et la libre circulation des capitaux.

En Amérique du nord, le *North American Free Trade Agreement* (NAFTA, dont l'acronyme français est ALENA) est entré en vigueur en 1994, dans le même esprit : la suppression des barrières douanières régionales. Il a permis de tripler en valeur les échanges commerciaux en Amérique du nord, en l'espace d'une quinzaine d'années.

Les échanges intra-régionaux, dans le cadre de ces instances multilatérales, représentent d'ailleurs l'essentiel de ce qu'on appelle la mondialisation. 75% des exportations des pays de l'Union européenne sont destinés aux pays de l'Union. Cette proportion d'échanges intra-régionaux est d'environ 50% pour les pays d'Amérique du nord. En ce sens, la mondialisation se traduit beaucoup plus par une régionalisation des échanges.

En aucun cas, il ne peut être dit que cette évolution échappe à la volonté politique des États membres de ces institutions. Elle est au contraire la conséquence d'un dessein parfaitement maîtrisé. Si l'on se souvient que la principale utilité de la mondialisation consiste à transformer les pays émergents en banquiers des pays occidentaux, on comprend aisément que des choix politiques sont à la base de ce bouleversement international.

De ce point de vue, les peuples démocratiques ne

peuvent échapper au débat essentiel sur le choix de rembourser la dette, et sur la répartition sociale de sa charge. Avant la crise de 2008, c'est-à-dire avant que les dettes souveraines n'explosent à cause des plans de relance pharaoniques initiés pour réparer l'incurie des banquiers, la dette publique était une bonne affaire pour les épargnants. Généralement classées comme très sûres par les agences de notations, les obligations d'État des pays industrialisés offraient des taux garantis élevés sans aucun risque, et constituaient donc un excellent placement pour l'aristocratie. Cette sécurité s'est amenuisée avec l'accroissement abyssal des déficits publics. Néanmoins, il ne faut jamais perdre de vue que l'emprunt d'État a constitué pendant plusieurs décennies la Rolls des placements, puisqu'il est à l'abri des fluctuations du marché.

Dans une certaine mesure, on peut même relever que l'augmentation des liquidités depuis trente ans s'est accompagnée d'un endettement croissant des États. Aucune étude ne prouve que nous avons collectivement fait le choix de nous endetter pour offrir des placements sûrs à l'aristocratie qui s'est enrichie grâce aux politiques de croissance financées par les contribuables. En revanche, deux facteurs sont avérés : d'abord, les États ont massivement recouru aux marchés financiers pour couvrir leurs déficits parce qu'ils n'éprouvaient aucune difficulté, jusqu'à la crise grecque, à y lever des fonds. Ensuite, l'importante levée de fonds par les États sur les marchés a permis de stabiliser un ensemble où les actions d'entreprise se sont révélées extrêmement aléatoires.

Certains affirment que les États ont financé par la dette les importantes réductions d'impôt qu'ils ont consenties aux revenus les plus élevés. Si ce phénomène est avéré, cela signifierait que s'est mis en place un système de ferme générale digne de l'Ancien Régime. En effet, s'endetter pour baisser les impôts des revenus les plus élevés revient à transférer sur le petit contribuable le prix des obligations incombant aux plus riches. Les réductions d'impôt au bénéfice des plus riches sont en effet essentiellement transformées en épargne, c'est-à-dire en achat d'emprunts d'État à taux garanti.

On peut par exemple penser que lorsque Liliane Bettencourt reçoit un chèque de 30 millions d'euros du Trésor public au titre du bouclier fiscal, elle confie cette somme à son gestionnaire de fortune, qui s'en sert pour acheter des emprunts d'État. Si l'on songe que le bouclier fiscal est financé par la dette, on voit bien la malice qu'il comporte. En réalité, le bouclier fiscal transforme l'impôt de Mme Bettencourt en épargne rémunérée par les contribuables. Cette mécanique infernale est bien celle de la ferme générale sous Louis XVI, où des particuliers faisaient l'avance d'une somme à l'État et se remboursaient ensuite sur les petites gens. Et qu'est-ce, sinon faire une avance à l'État, que d'acheter les emprunts qu'il émet ?

En bout de course, la mondialisation apparaît bien comme un leurre. On la croît source de chômage. Elle est en réalité source d'assujettissement. Plus que jamais, elle sert à transformer les contributions obligatoires de l'aristocratie en épargne rémunérée par le contribuable, chaque jour un peu plus soumis à un ordre économique international qui tire de lui, sans contrepartie, la substantifique moelle.

Conclusion
Pour une rupture profonde

La crise de 2008 est beaucoup plus une crise politique qu'une crise économique.

Depuis trente ans, le développement de l'économie de marché, la privatisation, la déréglementation, nous sont présentés comme des horizons indépassables. Plus le temps passe, plus nous nous apercevons que nous poursuivons des chimères. Les marchés ne permettent pas de garantir une prospérité équilibrée et stable de l'ordre international. Au contraire, nous devons constater qu'ils nous entraînent sur une pente irrationnelle qui constitue une véritable menace pour notre avenir. Certes, ils sont très profitables à une élite qui se fait de plus en plus pressante pour préserver ses privilèges. Mais, au regard de l'intérêt général, ils ont une action néfaste qui appelle une réaction forte de la part des citoyens.

Les quelques lignes qui suivent donnent une ébauche de ce que pourrait être une rupture en profondeur avec notre ordre actuel.

Notre première responsabilité collective est de refonder la notion de contribuable. Ce mot a perdu son sens aujourd'hui, puisqu'il désigne l'assujettissement à des prélèvements obligatoires, sans restituer la notion de droit créateur afférent à cet assujettissement. La défaite de l'esprit républicain repose d'ailleurs, dans la France d'aujourd'hui, dans cette limitation de l'impôt à un simple financement de l'État, sans participation effective des contribuables au projet politique qui ne pourrait pourtant exister sans leur apport financier.

Pourtant, il n'est de société civile sans impôt, et il n'est de démocratie sans contribution directe et progressive. Par la participation financière de chacun à l'organisation de la société, et à la mise en commun de certaines externalités comme le maintien de l'ordre, l'éducation, la santé, chaque membre de la communauté devient un acteur du destin collectif. Notre question de fond consiste à savoir quelle création de droit intervient en contrepartie de l'assujettissement à l'impôt. S'agit-il comme aujourd'hui d'un droit minimal (celui de voter tous les cinq ans), partant du principe que seule une élite est capable d'utiliser efficacement la contribution de chacun ou s'agit-il d'un droit plein, celui d'une participation égale de chacun aux décisions ?

La crise de 2008 a démontré l'incapacité de l'élite, en particulier de l'élite financière, à utiliser raisonnablement et durablement les deniers collectifs. Le sursaut républicain nous enjoint donc de modifier en profondeur les règles de ce système, pour bâtir un autre modèle où chaque contribuable agirait comme un citoyen. Concrètement, cela signifie que tout citoyen doit être un contribuable parfaitement informé de l'utilisation qui est faite de ses deniers.

Dans cet esprit, une république juste doit garantir à chaque citoyen un droit d'information sur l'utilisation des contributions publiques. Ce principe mérite d'être éclairci sur au moins trois points majeurs.

Premièrement, la fiscalité doit être refondée sur des principes d'équité. Il n'est pas satisfaisant que l'essentiel des recettes fiscales provienne de l'imposition indirecte, qui est inégalitaire. L'État devrait plutôt s'appuyer sur la fiscalité directe, à laquelle chacun devrait être soumis, en déduction d'une baisse de la fiscalité indirecte. Sur ce fondement, le projet politique dont l'État est l'exécuteur devrait être rebâti, en éclairant les citoyens sur l'ensemble des finalités qu'il poursuit, y compris les modalités de répartition de ses interventions entre territoires ou entre classes sociales.

Deuxièmement, toute intervention du contribuable en faveur d'un particulier devrait s'accompagner d'une parfaite transparence sur l'utilisation que ce particulier fait du denier public. Autrement dit, dès lors qu'un citoyen ou une entreprise perçoit ne serait-ce qu'une once infime du denier public, chaque citoyen devrait être parfaitement informé des raisons pour lesquelles cette intervention est sollicitée, et de l'usage exact et précis qui est fait du denier en question.

Plusieurs exemples permettent de donner une résonance précise à ce principe. Dans le cas des allégements de charges sur les bas salaires, il n'est pas normal que les citoyens apportent 30 milliards d'euros à certaines entreprises sans connaître très exactement l'utilisation qui est faite de cette somme extravagante. Cet argent sert-il à embaucher ? Si oui, à quel prix ? Sert-il plutôt à rémunérer les actionnaires ou les managers ? À verser des dividendes ? Dans tous les cas, aucun principe de confidentialité ne devrait être opposé au citoyen qui demande des comptes sur ce point. Ceci est d'ailleurs en tous points conforme à l'article 14 de la déclaration de 1789 : « Tous les citoyens ont le droit de constater, par eux-mêmes ou par leurs représentants, la nécessité de la contribution publique, de la consentir librement, d'en suivre l'emploi et d'en déterminer la quotité, l'assiette, le recouvrement et la durée. »

Un autre exemple est celui du remboursement de la dette. L'équivalent d'une année de richesse nationale doit être obligatoirement prélevé, sur une durée que personne ne connaît encore, pour rembourser la dette publique. Or, si chacun sait clairement qui va rembourser, personne ne sait à qui il va rembourser. Ce défaut d'information est difficilement admissible dès lors que les bénéficiaires de la dette vont recevoir de l'argent public. Le Trésor devrait donc publier la liste des détenteurs de la dette et communiquer clairement le montant que chaque détenteur va percevoir. Cette liste pourrait utilement être mise en perspective avec celle des bénéficiaires du bouclier fiscal. S'il advenait que ceux dont l'impôt est plafonné sont aussi ceux qui vont tirer des revenus à taux garanti du remboursement de la dette, les citoyens seraient en effet en droit de s'interroger sur la façon dont la capacité contributive de chacun est entendue dans le régime appelé Ve République.

Troisièmement, dès lors que la citoyenneté s'enracine dans la contribution publique, il n'est plus admissible que des habitants soient assujettis sans que leur citoyenneté ne soit reconnue. Tous les étrangers contribuables devraient avoir le droit de vote.

D'une manière plus générale, toute asymétrie d'information devrait être combattue dans un système républicain. Pour reprendre les théories économiques néo-classiques, l'équilibre général d'une société est lié à la symétrie pure et parfaite des informations nécessaires au bon fonctionnement du marché. Or, notre société est aujourd'hui très largement fondée sur l'inégalité dans le partage de l'information et du savoir. Le renversement de ces privilèges et l'instauration d'une égalité de savoir et d'information constituent des étapes indispensables à notre réveil collectif.

Cet énoncé général peut être approché d'une façon plus concrète, par l'idée que tout citoyen détenteur d'une information sur un autre citoyen, dans le cadre de la coopération propre à une organisation sociale, devrait, en contrepartie, communiquer une information de même niveau sur lui-même. Par exemple, un employeur est totalement informé de la rémunération qu'il verse à un salarié. Pour l'employeur, le prix du salarié n'a aucun secret. En contrepartie, la rémunération de l'employeur ne devrait avoir aucun secret pour le salarié. Si ce principe n'est pas respecté, cela signifie qu'il existe une asymétrie d'information entre deux citoyens que la loi reconnaît pourtant comme égaux. Cette asymétrie n'est pas liée à une affaire intime. Autrement dit, elle ne porte pas sur des faits extérieurs à la coopération qui se noue entre les individus pour assurer le fonctionnement collectif. Elle est au contraire au cœur même de l'organisation de la société, puisqu'elle porte sur le partage du travail entre les citoyens. Dans cet espace-là, un principe général de symétrie d'information devrait régner.

L'intérêt de ce principe général de symétrie d'information entre citoyens est de constituer un puissant levier pour une répartition juste des richesses. La publication de la rémunération des dirigeants, dans sa totalité, auprès de ses salariés, oblige en effet à penser autrement l'ensemble des politiques d'une entreprise. Elle oblige le dirigeant à justifier auprès de ses collaborateurs les raisons pour lesquelles il s'octroie des augmentations indues, sans lien avec son apport propre à la prospérité collective, lorsque ce cas de figure se produit. En outre, elle contraint les employeurs à ne rien cacher sur la façon dont ils conçoivent la rémunération du travail.

Il est à parier que la généralisation de ce principe républicain en matière d'information apporterait des modifications rapides et essentielles aux rapports entre les individus.

Plus globalement encore, la place du savoir dans notre société doit être fondamentalement repensée. L'ignorance est, par principe, l'ennemie de la République, et l'indestructible complice de l'obscurantisme. L'épanouissement de la rationalité dans nos sociétés suppose donc que nous engagions une lutte sans merci contre les limites imposées au savoir.

De ce point de vue, l'accès au plus haut niveau scolaire possible devrait être reconnu comme un droit fondamental pour tout citoyen.

Dans cet esprit, notre système républicain devrait s'attaquer sans faiblir à la question de l'échec scolaire, qui constitue le plus grand scandale social et financier de notre temps. Comment expliquer qu'environ 15% du budget éducatif français soit chaque année gaspillé par des sorties sans diplôme hors de notre système scolaire ? Cette tache est une source de déséquilibre constant dans notre société. Elle désigne en effet comme officiellement ignorants environ 20% de chaque classe d'âge. Cette désignation emporte avec elle, pendant toute une vie, des frustrations, des déclassements intérieurs, des handicaps qui fragilisent le tissu social tout entier.

Notre système républicain ne peut s'accommoder de

cette défaillance. Au contraire, il faut montrer le cap du savoir en réformant en profondeur l'Éducation nationale, de telle sorte que le savoir humain soit harmonieusement transmis aux générations futures. Ce choix doit être opéré en toute connaissance de cause. Il signifie en effet que très rapidement notre système économique sera bouleversé. L'emploi industriel faiblira, en tout cas sous sa forme de salariés peu qualifiés, et nous serons tout entiers tournés vers la conception et l'innovation.

Dans cette grande révolution de l'intelligence, un effort accru en matière de recherche fondamentale et appliquée deviendra indispensable.

L'idée implicitement portée par ce projet est celle de l'homme transfiguré par la raison, et d'une refondation de la société sur des citoyens entendus comme êtres libres et éclairés. Pour reprendre le vocabulaire kantien, les citoyens sont des hommes qui pensent par eux-mêmes, et non par l'entremise des autres. Sur cette autonomie de la pensée, nous bâtirons une société juste et prospère.

En mettant la diffusion du savoir au cœur du projet politique républicain, nous préparons l'avènement de cette société éclairée où la pensée unique sera bannie. Quoique éminemment abstraite, cette idée est le point névralgique du réveil auquel les citoyens sont appelés. En proclamant leur liberté de pensée, et en se donnant les moyens de s'affranchir des tutelles intellectuelles, celles des experts, des sachants, des spécialistes, les citoyens de notre République construiront un système politique dont ils seront les maîtres à parts égales.

Sur ces bases, la cité retrouvera les voies d'un projet politique collectif respectueux de la liberté individuelle et collective. L'espèce de fatalisme oligarchique où nous vivons aujourd'hui, fallacieusement appelé néo-libéralisme, est en effet un trompe-l'œil qui cache un asservissement de la population et une subordination collective à quelques profiteurs. En proclamant la centralité du partage des savoirs, nous permettrons à chacun d'accéder à la liberté de la pensée, et nous le conduirons à exiger le respect de cette liberté dans la définition du destin collectif.

L'autonomie de la pensée n'a pas seulement un impact sur la liberté individuelle ; elle permet également d'envisager autrement les rapports sociaux. Autrement dit, les citoyens libres ne sont pas seulement des contemplatifs qui pensent la réalité par leurs propres concepts, ce sont aussi des acteurs d'une coopération entre individus, qui demain, parce qu'ils seront libres, exigeront de choisir librement les modalités de coopération entre tous.

Cette évolution est extrêmement importante pour une véritable ouverture à la diversité au sein de nos sociétés. Aujourd'hui, les rapports sociaux sont dominés par les valeurs de la caste possédante : courtoisie, respect de l'ordre, consensus conservateur, discrétion sur l'argent, tabous divers, acceptation passive d'une hiérarchie autoritaire souvent baptisée loyauté, n'en sont que quelques illustrations. Cet ordre moral est évidemment inventé pour culpabiliser et stigmatiser toute contestation des inégalités. Il sert les intérêts des dominants et consolide le plafond de verre contre lequel butent ceux qui ne sont pas bien nés.

Dans une société ordonnée par l'autonomie de la pensée, les valeurs du groupe doivent être librement choisies, et les conventions acceptées sans répression et sans contravention. Ce point est particulièrement important pour tout ce qui touche aux rapports avec les institutions. Par exemple, l'éducation telle qu'elle est conçue en France, véhicule un système de répression forte. L'école ne valorise que le savoir livresque traditionnel et disqualifie par exemple le savoir numérique. Internet est encore largement identifié à un espace d'ignorance ou de connaissances de niveau inférieur. Ce choix favorise les enfants issus de milieux où le livre joue un rôle important, mais il ne repose sur aucune considération scientifique sérieuse. Dans le même temps, l'enseignement français n'accorde aucune importance à la participation des élèves à la vie sociale. Il ne reconnaît que le travail académique individuel, essentiellement fondé sur un apprentissage bourratif. Cette conception très discriminante socialement façonne des citoyens passifs, soumis à un ordre très individualiste, où la recherche de l'excellence se mène au détriment de la cohésion sociale.

Dans un système de coopération sociale fondé sur l'autonomie, les valeurs transmises par l'école sont de nature différente. Elles valorisent tous les savoirs, quelles que soient leurs origines, et elles cherchent à éduquer les jeunes pour en faire des citoyens actifs dans la vie de la cité, respectueux des valeurs de chacun.

Cette coopération entre citoyens autonomes doit avoir un impact fort sur les relations professionnelles. Aujourd'hui, le travail est essentiellement dominé par le salariat. Selon le Code du travail, le salarié se trouve dans une position de subordination vis-à-vis de son employeur, et se tient à sa disposition pendant le temps où il est rémunéré. En soi, cette conception est très éloignée d'une coopération sociale de forme républicaine. Il est en effet difficile d'admettre que, par la loi, un citoyen soit subordonné à un autre en échange d'une somme d'argent. Cette conception des rapports humains est à peine plus avancée que l'esclavage et dans un ou deux millénaires, les historiens se gausseront de notre retard conceptuel.

Ce point est d'autant plus important que les formes effectives prises par la subordination sont souvent brutales et indignes de systèmes démocratiques. Dans un grand nombre d'entreprises, le seul fait pour le salarié de demander l'application simple de son contrat de travail donne lieu à des intimidations et des menaces. Par exemple, nombre de salariés doivent effectuer des heures de travail non rémunérées, et accepter un chantage systématique à la rupture du contrat en cas de refus. Le contrat de travail est un espace d'oppression et d'inégalité flagrante entre citoyens.

Dans une organisation républicaine de la société, l'égalité entre citoyens est exclusive de ce type de rapports. L'égalité entre employeurs et salariés doit être rétablie. Le salarié doit donc voir ses droits respectés. Sa capacité à négocier son contrat de travail doit être effective.

Surtout, la coopération au sein des entreprises doit être repensée. La propriété privée n'est en effet pas contraire à la démocratie, et les détenteurs de capitaux ne peuvent se comporter en tyrans vis-à-vis d'autres citoyens, sous prétexte qu'ils louent leur force de travail. Les salariés doivent donc disposer d'une parfaite information sur les détenteurs de capitaux et sur leurs décisions. La liste des actionnaires doit être publiée, avec le nombre d'actions que chacun détient. Les modalités de répartition de la valeur ajoutée doivent être transparentes. Le montant des dividendes doit lui aussi être soumis à cette règle.

Plus largement, les entreprises doivent être des lieux de coopération au sens républicain. L'essentiel des relations entre salariés et employeurs doit être négocié de façon équitable, c'est-à-dire en permettant à une majorité de salariés d'opter en faveur d'un modèle d'organisation, dans un consensus intelligent avec les détenteurs du capital.

En ce sens, la faculté de choisir, offerte à chaque citoyen, est aussi importante que la faculté de savoir pour la construction d'un véritable édifice républicain. Ce droit de choisir doit être un élément déterminant de la coopération entre les individus. En particulier, il doit s'appliquer à la consommation des biens.

La caractéristique de nos sociétés industrialisées est d'avoir distingué d'une façon radicale le producteur et le consommateur. Il y a un siècle, les communautés villageoises, qui étaient majoritaires dans nos pays, pouvaient encore pratiquer l'autarcie : elles portaient en elles-mêmes la capacité à produire l'essentiel dont chacun avait besoin. Le développement d'un capitalisme industriel a radicalement modifié cet état de fait. Non seulement l'autarcie n'est plus possible au sein d'une communauté villageoise, mais certains pays industrialisés seraient même incapables de vivre sans l'apport d'autres pays. La division internationale du travail qui se dessine accroît ce phénomène, avec une spécialisation grandissante de certains pays dans la fabrication de biens industriels, et la spécialisation d'autres dans les services tertiaires.

Dans ce contexte, la situation des citoyens est totalement nouvelle. En tant que consommateurs, ils sont confrontés à d'immenses puissances productrices, qui disposent de moyens de persuasion colossaux, y compris médiatiques, pour enrégimenter l'ensemble de la chaîne de production et de consommation. Face à ce système intégré, il est urgent de redéfinir la faculté de choix du consommateur.

Deux axes urgents sont à approfondir.

Premièrement, les produits vendus devraient être totalement transparents et l'information du consommateur absolument complète sur les conditions de production. Cette transparence doit s'appliquer à l'ensemble du spectre industriel. D'abord, la composition des produits devrait être parfaitement connue par l'acheteur, surtout lorsqu'il s'agit de produits alimentaires ou de biens pouvant nuire à la santé. Le consommateur ne devrait rien ignorer des risques qu'il encourt. Ensuite, les coûts réels de fabrication devraient être publiés. Ce point est par exemple important pour les produits de mode, dont le prix de vente est très souvent sans commune mesure avec le prix réel de fabrication. Enfin, les conditions de production devraient être transparentes. En particulier, les conditions de travail dans les usines, le salaire moyen des ouvriers d'origine, l'âge moyen de ces ouvriers, devrait être connu du consommateur lorsqu'il procède à l'achat.

Le deuxième axe porte sur le rapport entre le commerçant et ses fournisseurs. La création de centrales d'achat par les grands distributeurs a ainsi révélé un asservissement complet des producteurs aux commerçants, qui dégagent de cette façon d'importantes marges de profit. Les produits agricoles sont achetés à bas prix à une constellation de petits agriculteurs sans véritable capacité de négociation face à un acheteur unique, qui impose ses tarifs. Le consommateur devrait être parfaitement informé de ces éléments. Au moment de l'achat, il devrait avoir une conscience claire de la marge prélevée par chaque acteur du circuit de production et de commercialisation. De cette façon, il pourrait déterminer son choix de consommation sur des critères éthiques.

Ces éléments de transparence permettraient de modifier considérablement la donne par un effet de symétrie d'information. La seule obligation d'informer les consommateurs sur la réalité des produits vendus limiterait de toute façon les pratiques dangereuses auxquels recourent les producteurs aujourd'hui. En outre, elle donnerait conscience, aux consommateurs, de la réalité effective du prix qu'ils paient.

Cette même faculté de choisir doit être étendue à l'ensemble de la vie publique.

Aujourd'hui, un système oligarchique limite singulièrement notre droit à choisir notre destin collectif. Le verrouillage de la vie politique par des partis au fonctionnement opaque convainc les citoyens de l'inutilité de tout combat sur le fond, notamment celui destiné à rétablir une morale publique et une égalité citoyenne. Le moment vient de renverser ce système.

Après plusieurs décennies d'idéologie de marché où la pensée unique a répété à l'envi que la politique devait céder la place à un système économique où chacun pouvait donner libre cours à ses appétits rebaptisés rationalité, nos sociétés sont exsangues, surendettées et traversées de tensions sociales fortes. Nous devons choisir un autre modèle de développement, où les décisions collectives ne sont plus remises entre les mains d'une élite financière avaricieuse. Les peuples doivent choisir, et avoir le droit de choisir. Pour ce faire, ils doivent habiter le champ du politique, et cultiver ce champ par de véritables projets publics.

Cette évolution ne peut se décréter. Elle suppose une prise de conscience collective dont personne ne peut anticiper les formes ni la survenue. Cette prise de conscience est en revanche salutaire et urgente. La rapacité des oligarques est dévastatrice pour l'ensemble de l'écosystème humain. Les richesses naturelles sont surexploitées, et les déséquilibres sociaux de plus en plus importants. Cet état de fait ne pourra durer.

Si le réveil républicain ne se produit pas, il existe un risque pour que nous basculions globalement dans les ténèbres. Partout, les rumeurs enflent, et des claquements de bottes commencent à résonner. Le terrorisme islamiste, la montée de l'extrême droite, l'émergence de fondamentalismes chrétiens aux États-Unis, sont autant d'indices graves laissant à penser que nos sociétés ne sont pas à l'abri du pire. En France même, l'obsession policière dispensée par le gouvernement, distillée jour après jour dans des médias stipendiés par le pouvoir, nous laisse penser que sans crier gare notre pays pourrait revivre des heures sombres où des innocents ont péri.

Seul un éveil républicain peut nous épargner le retour aux catastrophes. Un éveil partout dans les nations.

Si l'on prend la mesure des risques que nous courons à demeurer dans le sommeil, il faut convenir qu'urgemment les esprits libres doivent prendre la parole et prôner une alternative forte. Celle-ci doit être une vision globale de l'homme dans un monde nouveau, à la hauteur des attentes et des frustrations accumulées depuis de nombreuses années.

En fait, le moment vient de renouer avec l'ambition universaliste de ceux qui firent la république, il y a un peu plus de deux cents ans. Ils avaient proclamé le droit des peuples au bonheur, et c'est ce droit au bonheur que nous devons conquérir aujourd'hui.

Pour vous tenir informé des prochaines publications
des Éditions Jacob-Duvernet,
contactez Louis de Mareuil :
louis.demareuil@editionsjd.com
01 42 22 63 65

ou rendez-vous sur le site
www.editionsjd.com

Cet ouvrage a été imprimé
en janvier 2011 par

CPI
FIRMIN-DIDOT

27650 Mesnil-sur-l'Estrée
ISBN : 978-2-84724-334-5
N° d'impression : 103819
Dépôt légal : janvier 2011

Suite du 1er tirage

Imprimé en France